Splitter eines langen Lebens

Ingeburg Hölzer

SPLITTER EINES LANGEN LEBENS

Engelsdorfer Verlag
2012

Bibliografische Information durch die Deutsche Nationalbibliothek:
Die Deutsche Nationalbibliothek verzeichnet diese Publikation in
der Deutschen Nationalbibliografie; detaillierte bibliografische Daten
sind im Internet über http://www.dnb.de abrufbar.

ISBN 978-3-86268-759-6

Copyright (2012) Engelsdorfer Verlag Leipzig
Alle Rechte bei der Autorin
Fotos aus dem Privatarchiv der Autorin

Hergestellt in Leipzig, Germany (EU)
www.engelsdorfer-verlag.de

14,00 Euro (D)

Inhaltsverzeichnis

Vorwort 7
Inselwanderung (1957) 8
Berichterstattung über die Besteigung des Nadelhorns
am 2./3. August 1974 12
Johann Sebastian Bach – Veit Stoß – Auschwitz (1977) 25
Lagginhorn 1978 42
Bolivien – Paradies oder Jammertal? (1983) 68
Frage in einer Kirche (1984) 121
Sammeln für's Diakonische Werk (1984) 122
An den Quellen des Jordans (1985) 124
Am Rande einer Griechenlandreise ... (1986) 126
Mein Vortrag im Gefängnis (25. Januar 1988) 127
Vier Tage Berlin im November 1990
(durchwirkt mit Erinnerungen aus sechs Jahrzehnten) 129
Tagebucheintrag vom 4. Oktober 1990 139
Schkeuditz – ein Besuch 1993 143
15. Mai 1997 159
Berberfest in Libyen (2000) 162
Sperrmüll (April 2005) 165
Januartage (2010) 168

Vorwort

Nach Erscheinen meines Buches „Im Sommer 1944 …", welches fast zwei Jahrzehnte meiner Jugend in schwieriger Zeit schildert, wurde ich von den Lesern immer wieder gefragt: „Wie ging es weiter?"

Mein langes Leben, auf das ich jetzt im Alter von 87 Jahren zurückblicke, bescherte mir eine beglückende Anzahl von Erlebnissen, Studien- und Abenteuerreisen, aber auch Tätigkeiten sozialer Art, nach denen ich fast immer zur Feder griff, um meine Eindrücke festzuhalten und weiterzugeben.

„Splitter eines langen Lebens" sind eine Auswahl dieser, meiner Niederschriften: Große und kleine Splitter, ernste und lustige, bedeutende – wie die Wiedervereinigung Deutschlands –, manchmal nur wichtige für mich. Das Ganze eingebettet in das Getriebe unserer Welt.

Detmold, im Februar 2012

Ingeburg Hölzer, geb. Beuchelt

Inselwanderung (1957)

Einen See oder eine Insel zu umwandern, abends wieder am Platz des morgendlichen Aufbruchs anzukommen, war schon immer eine Wunschvorstellung von mir gewesen.

Jetzt im Sommer 1957 machte ich mit meiner Arbeitskollegin Marga Urlaub auf Usedom, einer zur DDR gehörenden Insel. Zum ganzen Umwandern war diese viel zu groß, aber wir hatten bereits ein Teilstück erkundet, indem wir von Zinnowitz aus in östliche Richtung am Strand entlang gewandert waren, bis uns die deutsch-polnischen Grenzpfähle Einhalt geboten.

Nun schaute ich mir den westlichen Teil der Insel auf der Landkarte an. Da machte die Insel im Nordwesten einen ausladenden Bogen, und in einer Bucht lag Penemünde. Diesen Bogen wollte ich umlaufen, und Marga gehörte zu den Menschen, die sich gern und bedingungslos der Fühung anderer anvertrauen.

Der Tag war wolkenlos. Überraschend schnell verloren sich alle menschlichen Spuren, als wir westwärts dem Strand folgten. Diese völlige Einsamkeit war äußerst verlockend. Die Küste war hier eine wechselvolle Naturlandschaft. Wir wateten durch seichtes, warmes Wasser, wo das dichte Schilf bis ans Meer reichte. Dann wieder prägten sich unsere Fußspuren auf nasse, feste Sandbänke, und Schwärme von Wasservögeln stoben vor uns auf. Wir hatten das Gefühl, in vollkommen menschenleere Gefilde vorzustoßen, aber eine Art Hütte in flimmernder Ferne tröstete uns mit der Vorstellung, eine menschliche Ansiedlung anzutreffen.

Als wir die Hütte erreichten, löste sich eine Gestalt und kam auf uns zu. Wir erschraken: ein russischer Marinesoldat in schwarzer Uniform! Er sprach heftig auf uns ein, aber wir verstanden kein einziges Wort. Wären wir vorsichtiger und besonnener gewesen, wir wären jetzt umgekehrt. Aber der Tag war so herrlich, die Sonne stand noch hoch am Himmel, die Meeresluft kühlte so wunderbar, also wateten wir weiter, abwechselnd durch flaches Wasser und über lange Sandbänke hinweg, immer weiter in eine unbekannte, lockende Ferne. Irgendwann musste ja der Inselbogen erreicht sein und uns in die Heimkehrrichtung führen.

Was uns jedoch mehr und mehr Unbehagen bereitete, war der Schilfgürtel zwischen Festland und Meer. Er wurde immer breiter! Aber der Wald in erreichbarer Entfernung dahinter beruhigte uns, und so schoben wir wieder alle Umkehrerwägungen weit von uns. Allerdings liefen wir jetzt fast nur noch durch Wasser, und dies wurde allmählich tiefer, der Boden darunter schwammig. Plötzlich beschlich uns Angst, wir hatten sozusagen keinen festen Boden mehr unter den Füßen! Rechts die Weite des blauen Meeres, links der hohe und inzwischen sehr breit gewordene Schilfgürtel, vor uns Wasser und Schilf. Ein Hauch von Panik ergriff mich; wie lange meine Begleiterin solche Gefühle tapfer unterdrückt hatte, konnte ich nur ahnen. So wandten wir uns mit plötzlichem Entschluss dem übermannshohen Schilf zu und stiegen von Büschel zu Büschel, das morastige Wasser dazwischen meidend. Wenig geeignet waren unsere Sandalen für solch einen stachligen Untergrund, aber was half's? Wir mussten uns die einhundert oder auch zweihundert Meter durchfitzen.

Unerwartet kam uns Hilfe, die wir mit Schrecken erkannten: an einer Schilflichtung sahen wir drei russische Soldaten auf uns zukommen. Noch saß uns die Nachkriegszeit tief im Leibe, immerhin waren wir Zwei mit unseren 35 Jahren noch keine alten Frauen. Marga war sogar eine ausgesprochene Schönheit: blond, mit edel geformten Gesichtszügen. Bekleidet waren wir nur mit Shorts und Blüschen, und die eiligst angenestelten Sicherheitsnadeln konnten nicht viel ausrichten im Bemühen, zu verdecken, was eben reizend war.

Verständigen konnten wir uns mit den Soldaten natürlich gar nicht, aber das erübrigte sich: sie traten unerwartet ritterlich mit ihren schweren Stiefeln die Schilfbüschel nieder und bahnten uns einen beinahe bequemen Weg. Bald sahen wir am Waldrand eine Gruppe Soldaten, die uns erwartete, und es wurde uns nun klar, dass wir wahrscheinlich schon sehr lange durch das Fernglas beobachtet worden waren, um hier in Empfang genommen zu werden. Sorge machte uns unser Fotoapparat; gar so viel Zeit war ja noch nicht verstrichen seit den Tagen, da man seine Uhr und sonstige Wertsachen den Siegersoldaten ausliefern musste. Aber nichts dergleichen! Ein Offizier versuchte, sich mit uns zu verständigen, aber „stoi" und „njet" waren die einzigen russischen Vokabeln, die wir kannten, aber die kamen nicht vor! Trotzdem gab es zwei Worte gemeinsamen Verstehens: „Zinnowitz" und „Peenemünde". Von dem einen Ort kamen wir, zu dem anderen wollten wir, alles klar. Nun wurde uns ein Soldat zugeteilt, der uns winkte, ihm zu folgen. So wanderten wir zu Dritt durch die heiße Mittagsluft. Hier wehte kein Seewind, die Luft flimmerte, die Sonne brannte. Der Soldat, noch jung und von freundlichem Aussehen, stank wie alle Soldaten der Welt nach Uniform und Schweiß. Schweigend liefen wir nebeneinander her, und ich sah die bewundernden Blicke, die er auf Marga richtete. Sah, wie er einen Heckenrosenzweig mit geöffneter Blüte brach, sorgfältig alle Dornen entfernte und ihn nicht mit der Grazie eines Bühnen-Rosenkavaliers, aber mit rührender Ergebenheit meiner Begleiterin überreichte. Diese Geste hat mich damals tief beeindruckt: zum ersten Male seit vielen Jahren sah ich in diesem Soldaten nicht den Angehörigen einer Feindesmacht, sondern schlicht einen Menschen. Ich – ein kleiner dunkelhaariger Typ – hatte keine Rose bekommen, während Marga mit einem Gemisch von Verlegenheit und Freude das Röschen an sich nahm.

Irgendwann und irgendwo machte unser Wegführer Halt, malte im Sand eine Skizze von Wegen und Abzweigungen, wies uns die Richtung, verabschiedete sich und ging zu seiner Einheit zurück.

Wir kamen bald in freieres Gelände mit befestigten Wegen und Straßen, aber es war noch immer große Einsamkeit um uns. Endlich kam uns ein Mann entgegen, jedoch war nicht auszumachen, ob es ein Russe oder ein Landsmann war, denn er trug lediglich eine kurze Hose. Wir wagten nicht, ihn anzusprechen, waren daher erleichtert, als er uns erstaunt fragte, ob denn da, wo wir herkämen, Badestrand sei. Nun erfuhren wir, dass wir mitten im russischen Sperrgebiet seien, dass hier im Gelände während des

Krieges die deutsche Abschussbasis der V-Waffen stationiert war. Uns fiel es wie Schuppen von den Augen: Peenemünde – V-Waffen!

Das hätte uns doch noch gegenwärtig sein müssen. Deshalb der unberührte Strand, daher auch die vielen Bunkerreste an unserem Rückweg.

Der Mann, der hier vorübergehend als Handwerker arbeitete, beschrieb uns einen Weg, auf dem wir die Sperren umgehen konnten und riet uns, uns möglichst nicht sehen zu lassen.

Als wir am Kasernengebäude vorbeikamen, wo am Reck turnende Soldaten uns lebhaft heranwinkten, tauchten wir schnell wieder im Gebüsch unter und verbargen uns auch später vor einem Soldaten, der vor uns dahinradelte.

Dank der Anweisung des deutschen Handwerkers fanden wir ohne Posten, ohne Sperre aus dem unheimlichen Gebiet wieder heraus und durchlebten hinterher erst richtig die Gefahren und die Ängste, die wir vorher hätten haben müssen.

Eine Erfahrung blieb für spätere Wanderunternehmungen:

„Weiße" Flecken auf der Landkarte sind nicht immer Wanderparadiese für Individualisten!

Berichterstattung über die Besteigung des Nadelhorns (4.327 Meter) in den Walliser Bergen am 2./3. August 1974 durch die Hochalpinisten Helmut (mein Vetter), Rudi (mein Bruder) und Inge

Eigentlich begann unsere „Bergtour 74" mit reichlich unvernünftigen Begleitumständen:

Waldemar, mein Mann, hatte sich in seliger Einstimmung für den Schweizer Nationalfeiertag als „Klavierspieler" engagieren lassen, und so zog gegen Abend die gesamte Familie hinauf zum Seealpenhotel, um dem Klavierspieler familiären Rückhalt zu geben, den er natürlich gar nicht brauchte. Zunächst gab es „Nachtessen": große Berge Zunge bzw. Brathähnchen auf Nudeln und Spinat.

Der Klavierspieler durfte umsonst schmausen, den anderen kam das Ganze ziemlich teuer zu stehen, aber dann zogen die Hotelgäste und auch wir in den dunkelnden Abend hinaus, um die auf vielen Bergen lodernden Feuer zu sehen. Anschließend wurde vor dem Hotel, 1.630 Meter hoch an einem See gelegen, Feuerwerk in die Luft geballert wie Silvester bei uns. Die Jahreszahl 1291, aus ölgetränkten Lappen bestehend, wurde jenseits des Sees angebrannt, und ehe Wilhelm Tell (in diesem Fall durch eine dicke, verkleidete Weibsperson verkörpert) in seinem Nachen über den See gefahren war (wobei das Boot durch die Fackel Feuer fing und schöpfender Weise gelöscht wurde), hatten wir vom Klavierspieler noch keinen Ton gehört und mussten ihn schon beim Marschlied gegen 22 Uhr verlassen, eben weil wir ja drei Uhr aufstehen und gen Nadelhorn wollten.

Ungefähr eine Stunde hatten wir noch bergab zu laufen, vorweg Rudi als Fackelträger. Im Licht der Fackel kam mir Rudis Gangart recht eigenartig vor, aber ich dachte, es sei die gespenstige, unstete Beleuchtung … Dass der Bergführer jedoch bedenkliche Knieschmerzen hatte, hat er uns erst nach der großen Bergtour verraten. An dieser Stelle gleich: Ein Lob der Jodex-Salbe, die ihm und später auch Waldemar geholfen hatte!

Ja, nun war es also doch 23 Uhr geworden. Helmut, der Säumige, musste dann noch seinen Rucksack packen. Ich schlief nicht fest, weil Waldemar erst ein Uhr nachts zurückkehrte; also nur etwas über drei Stunden hatten wir geschlafen, ein schlechter Start!

Es war dunkel, als wir losfuhren; die anderen Familienmitglieder drehten sich wohl genießerisch auf die andere Seite und dachten etwa: „Lass die Verrückten!"

Zur geographischen Lage: Wir wohnten in den Flumser Bergen oberhalb des Walensees, welcher ein östlicher Nachbar des Zürichersees ist. Um zu unserem Ziel, dem Nadelhorn zu gelangen, mussten wir fast die gesamte Schweiz durchqueren: zunächst ein Stück am jungen Rhein entlang durch Bad Ragaz und Chur, dann immer in südwestlicher Richtung über den Oberalppass, durch Andermatt und über den Furkapass. Rudis BMW, der auch nicht mehr so taufrisch ist wie jener schöner Morgen war, gab bedenkliche Geräusche von sich, als es Kehre für Kehre in die Höhe ging.

Aber nachdem der Meister gebieterisch ein-, zweimal auf die Radkappen gepocht hatte, tat's der Wagen wieder ohne Mucken – zunächst jedenfalls.

Die Fahrt durch den klaren, frischen Morgen war reizvoll. Sie wäre es noch mehr gewesen, wenn wir selbst klar und frisch gewesen wären, aber wir waren doch recht müde, weniger natürlich Rudi als Fahrer, aber der ist ja sowieso nicht kleinzukriegen. Die Straßen waren um diese Zeit noch unbelebt, so dass Helmut, unser anerkannter „Murmeltierseher", uns wieder das erste von diesen reizenden Tierchen zeigen konnte, welches vor uns fluchtartig die Fahrbahn verließ.

Auch am Rhonegletscher, an dem die Straße nach dem Furkapass direkt vorbeiführt, war es still und leer. Wir konnten bequem am Rand parken und geruhsam alles beschauen, was zu vorgerückter Tageszeit – wie bei der Heimfahrt – nicht möglich ist, weil dann Auto bei Auto steht und die einfache Durchfahrt schon Schwierigkeiten macht. Nun begleitete uns die noch schmale, gletschergrüne Rhone, die wir erst im Ort Vispa verließen, um in genau südlicher Richtung ins Tal der Vispa einzubiegen. Dann trennen sich nochmal die Wege: die „große Welt" fährt durch das Tal der Matter-Vispa nach Zermatt, das bekanntlich vom Matterhorn überragt wird.

Wir folgen dem Hochtal der Saaser Vispa, das uns nach Saas Fee, 1.790 Meter hoch, führte. Das war dem alten BMW doch wieder ein bisschen zu viel. Etwa zwei bis drei Kilometer vor Saas Fee, unserem Ziel also, rumorte es unter dem Rücksitz, dass ich das Gefühl hatte, nun bröckelt es unter dir so nach und nach weg. Diagnose: Differentialgetriebe! Da schwirren so ein paar „abbe" Schrauben umher, wie uns Rudi erklärte, von acht Stück seien schon einmal fünf „ab" gewesen, total zermalmt. Er hätte aber vielleicht Ersatzschrauben, müsse dann nur alles auseinandernehmen, aller paar Kilometer neues Öl reingießen, damit der Stahlstaub sich rausspüle usw.

Unter brillanter Schilderung dieser nahen Zukunftsbilder hatten wir dennoch Saas Fee erreicht. Ein Himmel so blau wie die Donau, eine heiße Sonne! Um uns herum die Viertausender! Da packte es uns! Es war mittlerweile zehn Uhr (sechs Fahrstunden), viel zu spät schon. Wir ließen Getriebe Getriebe sein, Stiefel an, Rucksack auf (verdammt schwer), Auto zu und fort!

Saas Fee wimmelte von Urlaubsmenschen und -autos, von teuren Geschäften und Bars. Wir begnügten uns mit Befriedigung der letzten Bedürfnisse, wie vergessenes Piz Buin und … na eben.

Der Aufstieg zur Michabelhütte sollte vier Stunden dauern, eine Zeitspanne, die wir bestimmt überschreiten würden, immerhin sind wir Drei zusammen 158 Jahre alt, also keine „Spring-auf-die-Hütte" mehr. Der Aufstieg erfolgte auf der Süd-Ost-Seite etwa, also in prallster Vormittags- bzw. Mittagssonne. Zuerst gab's noch ab und zu eine schattenspendende Lärche, dann nur gnadenlosen Sonnenschein.

Die untere reichliche Hälfte steigt man auf einem Sandpfad empor, der sich in ungezählten Kehren aufwärts windet. Kein entlastendes Stück ebener Strecke, nur steil aufwärts, eins, zwei, drei, vier, fünf Stunden. Gesprochen haben wir wenig, selbst Rudi und ich nicht. Die Hütte war von Anfang an weit oben sichtbar, auf dem Berg klebend wie ein Adlerhorst. Ich habe mich abgelenkt und getröstet mit all den reizenden Alpenblümchen am Wege, ihre Namen im Geiste wieder hervorgesucht, Neues entdeckt. Rudi hat wohl über sein demoliertes Getriebe nachgedacht, wie er das wohl wieder hinkriegt ... Was Helmut so fünf Stunden lang denkt? Keine Ahnung. Jedenfalls gibt es bei jeder der vielen Kehren einen Schritt, der nicht ganz so kraftraubend ist wie die anderen. Das ist der bei der Wendung, da ist die Steigung eine Idee kleiner, und auf diesen Schritt freute ich mich immer. Ab und zu ein Blick auf Saas Fee. Das liegt nun nicht etwa weiter weg, nein nur tiefer, und die vielen Autos auf dem Parkplatz glänzen in der brütenden Sonne. Die Höhe der Gletscherzunge (Feegletscher) neben uns haben wir bald erreicht und spüren einen kühlen Hauch von dort her, wohltuend, denn wir schwitzen entsetzlich. Eine viertel Stunde Pause gab's um die Mittagszeit: saure Bonbons gegen den Durst, sonst nichts. Die Rucksäcke drückten, zumal bei Rudi, der zusätzlich das schwere Seil trug. Dann hörte der „bequeme Sandweg" auf, wir mussten mehr oder weniger klettern, denn zerklüftete Felsen bilden die obere Hälfte des Weges. Rudi war als erster oben. Ich selbst glaubte, bis zur Hütte ist es noch zu schaffen, aber keine zehn Meter weiter, und Helmut bestätigte mir seinerseits solche Vorstellungen. „Strafkompanie" kam's mir in den Sinn. So musste das sein, aber als ich dieses Wort dem Hüttenwirt sagte, als dieser uns vor der Tür empfing, starrte der mich verständnislos an ... Rucksack ab, ein paar Minuten auf der Holztreppe sitzen, eine Wohltat! Stiefel runter, denn in der Hütte geht man mit leichten Schuhen.

Dann betrete ich mit Handtuch und Seife den Hüttenraum und frage mit einem zünftigen „Grüetzi" nach den Waschgelegenheiten. Schallendes Gelächter ringsum. Ich komme mir recht komisch vor. Eine Frau hilft mir:
„Hinter der Hütte liegt etwas Schnee."
Ja, wir sind nicht in den Zillertaler- oder Ötztaler Alpen, wir sind in den Westalpen, da geht es rauer und härter zu. Von wegen abends lange beim Weine sitzen, trinken und fröhlich schwatzen! Die Michabelhütte liegt 3.329 Meter hoch, das heißt, wir sind 1.539 Meter gestiegen. Die Hütte kann nur durch den Hubschrauber versorgt werden. Es gibt nur abends eine Suppe mit Würstchen, nichts zum Aussuchen etwa. Das Bier kostet vier Franken pro Büchse, aber es schmeckt den Männern, während ich eine große Kanne Tee trinke und immer noch Durst habe. Wir waren

ungefähr 15 Uhr angekommen. Helmut blieb bei seinem Bier sitzen und rührte sich nicht mehr vom Fleck. Rudi indessen hatte keine Ruhe. Er wollte sehen, wie es weitergeht. Um die Hütte herum gibt es nur wenige Quadratmeter ebene Fläche, allseits steigen bzw. fallen die Felsen steil ab. Hinter der Hütte lassen sich Trittspuren im Felsen erkennen. Ich steige dem Rudi ein wenig nach, ebenfalls neugierig auf die Verhältnisse, die uns morgen erwarten. Wir treffen auf eine künstlich angelegte, ebene Fläche, höchstens sechs Quadratmeter groß, das muss der Hubschrauberlandeplatz sein. Noch ein Stück weiter oben steckt das Wasserleitungsrohr der Hütte in dem Gletscherfeld neben dem Felsrücken. Was hier mehr oder weniger taut, fließt in die Hüttenküche, wo ich den Wasserhahn unregelmäßig tropfen sah. Rudi steigt noch ein Stück weiter, ich kehre um, genug für heute!

Nach dem Abendbrot schleichen wir gegen 19 Uhr (!) in den Schlafraum, der schon weitgehend mit Schläfern belegt ist. Das ist alles nicht mit den Ostalpen zu vergleichen, hier geht man früher als die Hühner schlafen. Halb drei Uhr wird geweckt, und das ist nötig, denn um die Mittagszeit, wenn der Schnee weich und damit unberechenbar wird, muss das Meiste schon geschafft sein. Ungewaschen also in die Betten, sprich: grauen Decken und karierten Kopfkisschen. Der „Weiße Riese" kommt nicht hier herauf, aber erfahrene Frauen (wie ich) haben ein Tüchlein für den Kopf mit und ein Handtuch für's Gesicht parat. Die große Überraschung: Es war gar nicht kalt in 3.329 Meter Höhe. Wie hatten wir damals in der Greizer Hütte gefroren! Jetzt stand das Fenster weit offen, kein Luftzug! Ich zog nach und nach vieles aus, es war eine herrliche, müde Nacht voller Schlaf allerseits, von kleinen Schnarchversuchen und entsprechenden Zurechtweisungen abgesehen.

Als der Hüttenwirt halb drei Uhr die Petroleumlampen an die Schlafraumdecke hängt, begann ein emsiges Gewimmel um uns her. Wir, genauer gesagt, ich meinte, wir hätten noch viel Zeit. Schön ließ sich das vom Bett aus beobachten, wie sie alle die Stiefel schnürten, die Gamaschen anlegten, mit den Fingern durch die Haare fuhren, sich freuten, dass sie sich nicht waschen brauchten, den Rucksack schnürten, die Decken geschickt (oder auch nicht) zusammenlegten für den nächsten Schläfer. Man spürte förmlich den Staub wirbeln, aber die Sonne dachte noch lange nicht daran, die Stäubchen für uns sichtbar zu machen, noch hatte der Mond Dienst. Aber jetzt leuchtete uns der Wirt ins Gesicht: Wenn wir weg wollten, müssten wir jetzt aufstehen, denn er lege sich dann wieder schlafen, bis es 7.30 Uhr Frühstück für die wenigen gibt, die ausschlafen und absteigen.

Als ich vor die Hütte trat war ich überwältigt. Rechts über den pechschwarzen Bergspitzen strahlte ein klarer Mond, ringsum Sternenhimmel, das müsste ein günstiger Tag werden. Mehr dunkel als hell war es im Hüttenraum, wo die ersten schon marschfertig waren, die anderen ihr Säckchen mit Proviant auspackten; heißes Wasser für Tee- oder Kaffeebeutel gab es für sechs Franken Brennstoffgebühr pro Person und Tag. Die Holztische, das alte Emaillegeschirr, der eigene ungewaschene Zustand, das alles war nicht gerade paradiesisch zu nennen, aber gleich vergessen, als wir 3.50 Uhr den Aufstieg begannen. Der Mond war hinter den Viertausendern verschwunden. Manche gingen mit Taschenlampe los, wir hingegen gewöhnten uns schnell an das Halbdunkel und kamen gut vorwärts. Es ging ein gutes Stück auf dem Gestein empor, dann erreichten wir das Gletscherfeld, welches überquert werden musste. Das Anschnallen dauerte wieder geraume Zeit und Helmuts: „Nu mährt euch schon aus!", von 1973 kam uns wieder in den Sinn, ehe alle Steigeisen festsaßen, Sitz- und Brustgurt angeschnallt waren (Frage: Wohin mit der Brust?), Prusik-Schlingen an Ort und Stelle, Seil entfitzt, Rudi vorne, Inge Mitte, Helmut am Ende. Die Spur im festen Schnee war gut sichtbar, bald hatten wir die Höhe erreicht und danach führte die Spur quer über den dort fast ebenen Hohbaln-Gletscher, um dann im steilsten Anstieg auf den Grat zu führen, der zum Nadelhorn aufsteigt. Noch ehe wir die Gletscherebene erreichten, kam der große Augenblick: Die Sonne ging auf! Der fahle helle Schein im Osten war ein lichtes Blau geworden, nun plötzlich erstrahlte alles. Der Sonne gegenüber lag die Lenzspitze mit der unwahrscheinlich großen und steilen Eiswand zum Gletscher hinunter, welche Lenzspitze und Nadelhorn miteinander verbindet. Über den beiden Spitzen ein Himmel von so tiefdunklem Blau, dass man sich nicht sattsehen konnte. Stunden hätte man hier verweilen mögen, aber daran ist nicht zu denken, sonst müsste man gleich aufgeben.

Rudi registrierte sowieso schon mit Widerwillen, dass Helmut fotografiert, dabei ist es ein lohnendes Objekt: der vor uns liegende Steilanstieg zum Windjoch hinauf. Wir warten also, denn wir sind ja durch's Seil miteinander verbunden. Aber nach vollbrachtem „Klick" vermisst Helmut seine Brille. Das ist doch nicht möglich! Rudi drängt weiter, und erst als ihm klargemacht wird, dass es sich nicht um eine Sonnenbrille, sondern um Helmuts geschliffenes 400 DM-Brillenglas handelt, steigt er abwärts, so dass auch ich zu Helmuts Fotostelle gelangen kann. Im Glauben, Helmut sei auf die Brille getreten und habe sie in den (viel zu harten) Schnee gedrückt, kratze ich verbissen den Schnee auf (schließlich will man ja den nagelneuen Eispickel auch endlich mal benutzen). Helmut aber hat eine geniale Idee: Sollte der Gletscher doch nicht so eben sein wie er scheint? Er legt die Sonnenbrille vor sich hin und siehe, sie rutscht langsam aber stetig abwärts. Nun ist es klar, die gute Brille ist auch weggerutscht. Wer aber verlässt schon gern die bewährte Spur quer über einen Gletscher, um eine Brille zu suchen? Wir machen es anders, wir suchen sie mit dem guten Zeiss-Fernglas und siehe da: Ein winziges Etwas von Brille sehe ich da im gleißenden Licht. Ich dirigiere Rudi dorthin, und Helmuts Urlaub ist gerettet. Wir hatten Glück. Eine sehr schmale Gletscherspalte hatte die Brille offenbar überrutscht, aber wenige Meter hinter der Brille gab es eine zweite Spalte, in die eine leere Cola-Dose, die wir versuchsweise abrollen ließen, mit „Klick" hineinrutschte. Danach war Totenstille. Wie froh waren wir! Beschwingt strebten wir dem Steilanstieg zu. Der Schnee war hart, die Steigeisen fassten gut. Acht Uhr hatten wir das Windjoch (3.850 Meter) erreicht, welches den Hohbalngletscher vom Riedgletscher trennt. Hatte ich gedacht, jetzt gibt es eine schöne Pause, so hatte ich mich geirrt. Rudi drängte weiter. Zwei diskutierende Seilmannschaften mit vier jungen Mädchen überholten wir am Windjoch. Die Mädchen gaben alle auf, die Männer holten uns später wieder ein.

Vom Windjoch aus begann nun die Gratwanderung zum Nadelhorn. Meiner Vorstellung nach war das eine Spur im Schnee, schmal auf dem Grat entlang, aber schön festgetreten, so dass man nur Schritt vor Schritt zu setzen hatte und schließlich oben war. So ähnlich begann es auch, aber dann kamen Felsenpartien dazwischen, abwechselnd mussten Steigeisen ab- und angeschnallt werden. Eine unangenehme Arbeit, wenn nur allzuwenig Platz ist, denn steil fiel es an beiden Seiten ab. Und da war es auch schon geschehen: Helmuts Eispickel glitt den steilen Firnhang hinunter. Wir starrten wie gebannt, um ihn festzuhalten und wirklich: Er kratzte sich etwas in das Eis und blieb drei bis vier Meter unter uns liegen, bereit, beim leisesten Luftzug weiter in die Tiefe zu sausen. Rudi stieg hinunter, während ihn Helmut am Seil sicherte. Ich hielt den Atem an, bis Rudi mit der Schlaufe seines Eispickels unfehlbar die Pickelspitze erhascht und den Ausreißer geborgen hatte. Von da an waren wir darauf gedrillt, beim Abnehmen des Rucksacks vorher erst den zwischen Rücken und Rucksack geklemmten Eispickel festzuhalten. Überhaupt die Technik! Da saßen die Steigeisen nicht fest, dort verhedderte sich das Seil an einer Felsspitze. Ich in der Mitte hatte meine Not mit dem Seil. Mal zog Rudi vorn, ich hatte aber noch nicht genügend Halt für den nächsten Schritt, mal war das Seil zu lose und verfitzte sich vor oder hinter mir, mal wollte ich weitersteigen, hatte entsprechend ausbalanciert, da kam das Seil nicht genügend mit, weil Helmut noch nicht so weit war oder das Seil an einer Ecke festhing. Mittlerweile hatten wir längst gemerkt, dass es nichts mit dem gemütlichen Gratspaziergang im Schnee war, sondern hier gab's richtige Felsenkletterei, meist auf allen Vieren (dabei Rucksack erfreulich leichter), bedachtsam alle Hand- und Fußwerkzeuge einsetzend. Vor uns tat sich nun auf, was wir vorher gar nicht ahnten: eine große Strecke Felsen, auf der unsere Vorgänger als kleine bunte Punkte erkennbar waren. Als ich das sah, war ich recht erschrocken. So hoch noch? So viel noch zu klettern? Kaum Zeit, einen Blick in die phantastische Welt um uns zu tun. Dieser blaue Himmel! Die Berge unter uns sanken in sich zusammen, die Spitzen über uns kamen näher, die Sonne strahlte, heiß war's, kein Wind, ein wunderbarer Tag!

Weiter, nächste Klippe, nicht rechts und nicht links hinunterschauen, nicht auf's Seil treten, nicht sich in der baumelnden Prusik-Schlinge verheddern, schnell versuchen, einen sauren Bonbon aus der Tasche zu angeln – geht nicht, der Gurt sitzt zu straff – Rudis Seil zieht, weiter!

10.30 Uhr sind wir oben!
Welch ein Gefühl: 4.327 Meter!

Wir haben es geschafft in sechseinhalb Stunden ohne nennenswerte Pause. Oben ist es eng wie auf einer Nadelspitze, nur mit Not kann man sitzen. Aber welch ein Anblick bietet sich uns. Eine Unmenge Berge liegen unter uns, drüben ragt das Matterhorn in die Höhe, aber nicht so imponierend steil und groß wie man es von unten aus Bildern kennt, sondern wie ein trauter Nachbar, zu einer kurzen Visite einladend. Wir sind ja nur 151 Meter tiefer als dessen Spitze. Dahinter liegt breit und erstaunlich nahe der Rücken des Mont blanc, vollkommen klar zu erkennen. Über uns tiefes Blau, das ungefähr in Augenhöhe durch eine Dunstschicht schnurgerade abgeschnitten wird, unter der, vor allem im Norden, alles unsichtbar wird. Nur einige weiße Spitzen ragen da heraus. Im Süden liegen weiße Wolkenfetzen unter uns. Sie verdecken Saas Fee, das da irgendwo in der Tiefe liegen muss. Ein unbeschreibliches Gefühl, so „über der Welt" zu sitzen. Dabei ist es ganz warm, kein Wind, der erste Gipfel, auf dem ich nicht friere, sondern stundenlang sitzen und schauen möchte, zumal nachdem ich einige Meter unterhalb der scharfen Spitze einen sonnenwarmen, bequemen Sitz gefunden habe. Auf dem „Dach der Welt"! Für mich ist dies bestimmt der höchste Punkt, den ich mit eigener Kraft erreiche. Aber natürlich drängelt Rudi. Ab geht's, kaum Zeit für ein Riegelchen Schokolade.

Hinunter kommt man erstaunlich schnell, und unser Bergführer hat Recht, wenn er drängt, denn der Schnee ist inzwischen sehr weich geworden und die Gratspur weiter unten weit gefahrvoller, weil man damit rechnen muss, dass der weiche Schnee absackt. Na und das steile Stück am Windjoch zum Gletscher hinunter erst! Da stehen wir knietief im weichen Schnee und rutschen meterweit auf dem Hintern. Schnell geht das! Auf der Ebene des Gletschers hat uns die von unten aufsteigende Wolke erreicht. Schlagartig Waschküche, keine Sicht, keine Wärme. So hätte es auch sein können, heißt das wahrscheinlich, aber bald ist es wieder hell und licht und schön. Wir schnallen alles ab, haben noch eine kleine Pause oberhalb der Hütte dort, wo eine undichte Stelle des Wasserrohrs einen dünnen, köstlichen Gletscherwasserstrahl spendet. In kleinen Schlucken trinken, mit winziger Seife waschen – ein Labsal!

Gegen 15 Uhr sind wir in der Hütte. Und da wir keine Lust haben, noch eine solche Massennacht dort zu verleben, beschließen wir, die 1.539 Meter auch noch abzusteigen. Bier- bzw. Kaffeetrinken, alles frühmorgens Zurückgelassene in die Rucksäcke packen und hinunter geht es. Hatten wir in Erwägung gezogen, das untere Stück mit der Seilbahn zu fahren (vom Hannig aus, einem benachbarten Ausflugsberg), so hatten wir uns doch in der Länge des Weges, auch beim Abwärtsgehen, verschätzt. Er nahm und nahm kein Ende. Viele begegneten uns, die zum Wochenende noch aufsteigen, sie schwitzten so wie wir es beim Aufstieg auch getan hatten. Uns aber taten jetzt vor allem die Beine weh, eine große körperliche Müdigkeit überfiel uns.

Die letzte Seilbahn war nicht mehr zu erreichen, also mussten wir laufen. Es war 19.30 Uhr, als wir Saas Fee erreichten und durch den sonnabendlichen Ort schlichen. Kein Zweifel, man sah uns nach, denn „man" war gut angezogen und florierte. Wir hingegen waren staub- und schweißbedeckt, ganz ausgedörrt und so müde! Ein einziges Geschäft hatte noch offen: Milch, welch Labsal! Nur Helmut hatte wieder Schwierigkeiten mit der Technik. Er hatte eine große Büchse Joghurt gekauft und konnte sie nicht ohne Messer öffnen. Ein Messer lag im Auto, das aber stand weiter unten, über eine kleine Asphaltstraße zu erreichen. Rudi, Helmuts Gier nach der Erfrischung verstehend, rannte (!!) auch noch diese Straße hinunter, holte das Messer und erweckte Helmut wieder zum Leben.

Ich indessen musste die harte Straße rückwärts hinunter gehen, der Muskelkater in den Oberschenkeln ließ es nicht anders zu. Das war der Schluss unserer fünfzehneinhalb Stunden-„Wanderung".

Die Spannung, was das angeschlagene Auto sagt, war groß. Kein verbotenes Geräusch. Brav fuhr es hinunter ins Rhonetal, und es ist später auch noch bis Köln gefahren. Wann es wieder mucken wird, wer weiß das?

Wir wollten nicht im teuren Saas Fee wohnen, hielten unterwegs hier und dort, waren müde, wurden wählerisch. Ein Bad sollte dabei sein, aber alles passte nicht so recht. Allmählich wurden wir kribblig, es war schon 21 Uhr vorbei. Brig hatten wir bereits durchfahren. Auch der nächste Gasthof war besetzt, meldete uns aber telefonisch im Brigerhof an. Also zurück ins nächtliche Brig. Am Bahnhof fragte Helmut einen Dienstmann nach jenem Hotel. Dessen Beschreibung in Französisch brachte uns in eine stille Gegend, kein Brigerhof. Nun gerieten wir an eine Spanierin, die uns in gebrochenem Deutsch den Weg wies: geradewegs in Gegenrichtung einer Einbahnstraße; sie selbst arbeitet im Brigerhof. Nun, wir durchfuhren mehrmals diese und jene Straße und verfitzten uns in einem System von Einbahnstraßen, aus dem scheinbar kein Weg zum Brigerhof führte. Nachdem wir noch Italiener gefragt hatten und wieder in die Gegenrichtung der Einbahnstraße gewiesen wurden, wagte ich einen Vorschlag: „So fahr doch eben das kurze verbotene Stückchen Einbahnstraße!"

Die Reaktion von Rudi war eruptiv. Endlich etwas, woran man die Spannung und Strapazen der letzten neunzehn Stunden abreagieren konnte.

… Wir fanden schließlich gegen 22 Uhr den Brigerhof, ein großes vornehmes Hotel aus „guter alter Zeit", französisches Fluidum, aber: „Hier spricht man auch deutsch", war da zu lesen.

Viele Teppiche, Spiegel, Damastvorhänge usw. Wir waren noch so, wie wir uns vor 43 Stunden angekleidet hatten, dazu staub- und schweißbedeckt, nur die Schuhe hatten wir gewechselt.

Das Drolligste aber war Helmuts Hose, an der ein großes Dreieck ausgerissen war, durch welches ein Zipfel seines roten Hemdes lugte. Die Spannung wich gelöster Heiterkeit über uns selbst.

Seit dem Frühstück in der Hütte 3.30 Uhr hatten wir nur Bier, Milch, Wasser und ein wenig Schokolade zu uns genommen, aber vor Müdigkeit aß Rudi gar nichts, Helmut und ich „Walliser Fleisch", einen trockenen, harten Schinken, der gar zu schwer hinunterrutschen wollte bei unserem ausgeprägten Durst. Es dauerte noch volle zwei Tage, ehe das trockene Gefühl im Munde ganz verschwand.

Wir schliefen bis 9.30 Uhr in den stillen Sonntag hinein. Ich wollte noch vor dem Frühstück Helmuts Hose kunstvoll stopfen, aber als er an unserer Zimmertür klopfte, zeigte er stolz sein Machwerk des frühen Sonntagmorgens: Hose geflickt! Da waren also auf beige-farbener Hose lange schwarze Fäden sichtbar, die Stiche ungleich, der Stoff auf einer Seite zu straff gespannt, an der anderen Seite wulstig überstehend. Auch hatte der eine schwarze Faden (Hoteleigentum) nicht gereicht. Also das Ganze war eine Quelle der Heiterkeit, und Helmut strahlte über sein Werk.

Die Rückfahrt im ausgeschlafenen Zustand war ein Genuss. Die Sicht war klar. Wir bummelten durch diese herrliche Welt, hielten an stürzenden Wasserfällen, machten immer wieder Trinkpausen.

Wir standen lange an einer engen Schlucht der Gotthardreuss, kurz vor dem Ort Göschenen, durch welche Zahnradbahn, alte Straße, neue Straße, Wanderweg und die wilde Reuss ihre Wege suchen. Die neue Straße windet sich in eng beieinanderliegenden Schlingen abwärts, von oben schaut man darauf wie auf eine Carrera-Bahn.

Uns zieht die alte Brücke an, vor der wir noch einmal halten: eine wunderschöne, alte Steinbrücke mit mehreren ungleich großen Bögen, die über die Reuss führt. Der schmale Fahrweg ist mit unregelmäßigen Steinen gepflastert. Wie alt mag sie sein? Als Verbindung zum Gotthard-Pass steht sie am längsten von all diesen verkehrstechnischen Bauwerken. Und wer alles mag über sie zum Gotthard-Pass gezogen sein? Man kramt in alten Geschichtskenntnissen. Namen wie Hannibal und Goethe fallen, wer weiß? Erfurcht und Bewunderung für diese Brücke! Und natürlich ein Foto davon.

Kurz vor dem Klausenpass gibt es einen starken Gewitterregen. Wir hatten gerade unseren noch gewaltigen Durst stillen wollen und gerieten in eine originelle Gaststube. Da saß ein buntes Menschenvolk zusammen. Alte Männer im gestickten Wams reden laut in Schwyzer Dütsch, wir verstanden kein Wort. Eine Gruppe junger Leute setzte sich an unseren Tisch, eine Mischung von blonden nordischen Typen, Dinarische, südländisch Schwarzgelockte; auch deren Unterhaltung verstanden wir kaum. Und nun erlitt Helmut beinahe den dritten Verlust dieser Tour: seine rote Strickmütze. Eigentlich war diese noch nicht ganz ausgewachsen, so klein, dazu verfilzt. Aber es war *die Mütze!* Sie hat schon mehrmals den Bieler Lauf mitgemacht, etliche Bergbesteigungen und ist aus verschiedenen Gründen von großer Wichtigkeit. Und nun sitzt sie, als Helmut in die Gaststube zurückkehrt, auf dem Kopfe einer dieser jungen Leute. Mit einem eleganten: „Dies ist wohl nicht Ihre Mütze!", nimmt sie Helmut vom fremden Kopf und hinterlässt eine betroffene, schweigende Runde. So wäre also nach Brille und Eispickel auch die Mütze zurückgewonnen.

Auf der Höhe des Klausenpasses haben wir die Gewitterwolke *unter* uns, ein fantastisches Schauspiel bietet sich: wallende Wolkenbänke, durchbrechendes Sonnenlicht, tiefe grüne Täler unter uns, dunkel drohende Berge, großer Wasserfall. Wer könnte das alles beschreiben? Unser Gewissen drückt uns, denn wir sind schon sieben Stunden unterwegs. Zu Hause wird man warten.

Gegen 20 Uhr waren wir wieder im „Hasenhüsli" oberhalb des Walensees. Die ganze Familie war versammelt, der „Pressefotograf" in Aktion, als wir (besonders ich) mit gewaltigem Muskelkater die Treppen zum Häuschen hochhumpelten, müde aber überglücklich.

Nun gehörten wir Drei wieder der Familie und hatten noch acht Tage gemeinsamer Ferien vor uns. Alle werden gern der schönen Tage in der Schweiz gedenken, aber die Krone des Ganzen war für uns das

Nadelhorn.

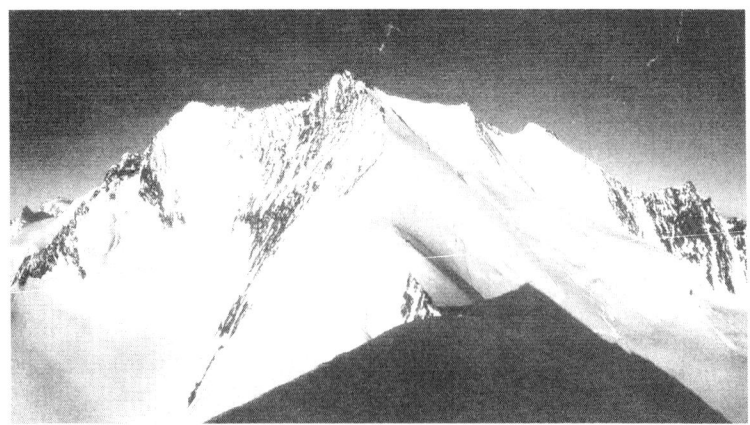

Lenzspitze Nadelhorn

Johann Sebastian Bach – Veit Stoß – Auschwitz (1977)

Johann Sebastian Bach
   Um die Johannes-Passion des Thomaskantors zu musizieren, fuhren die Philipp-Nicolai-Kantorei Unna, das Studentenorchester Münster und fünf Gesangssolisten zur Passionszeit vom 26.03. – 05.04.1977 nach Polen und verbrachten dort zwölf Tage.

Veit Stoß
   Er begegnete uns mit seinem Schnitzaltar in der riesigen Marienkirche zu Krakau, einem Meisterwerk in Form und Farbe, dreizehn Meter hoch, elf Meter breit. Unmittelbar unter diesem Kunstwerk gestalteten wir die Johannes-Passion. Musik, Kunst, Glauben, das alles verband sich zu eindrucksvollem Erleben. Darüber hinaus soll Veit Stoß als Vertreter für eine große Zahl von Kunstwerken stehen, die wir, besonders in Krakau, vorfanden.

Auschwitz
   Wer mehr als drei Jahrzehnte nach Kriegsende Polen besucht, der kann und darf nicht an der Vergangenheit – auch nicht an der bitteren – vorübergehen, und wir Deutsche schon gar nicht. So mischten sich die Eindrücke dieses grauenhaften Ortes mit unseren Empfindungen beim Musizieren der Passionsmusik und wurden durchsetzt mit Reiseeindrücken, Erlebnissen und Begegnungen, wie sie solch eine Fahrt mit sich bringt.

Zunächst sei über die menschlichen Begegnungen berichtet. Die erste Station der Reise war Breslau. In der evangelischen Hofkirche sangen wir zum Sonntagsgottesdienst. Vor mir saß eine ältere kleine Frau. Ich wollte gern mit ihr ins Gespräch kommen und flüsterte einfach: „Sprechen Sie deutsch?"
   Sie fuhr herum und fragte zunächst, aus welchem Deutschland wir kämen. Dann ging ein Leuchten über ihr Gesicht. Sie erzählte mit Begeisterung, dass sie einmal Verwandte in der Bundesrepublik besucht hätte, dass sie im Krieg vom Inneren Polens nach Breslau gekommen sei. Die anderen seien damals weiter westwärts gezogen, sie allein sei in Breslau hängen-

geblieben. Wie schwer es gewesen sei, den ganzen Gottesdienst nun in polnischer Sprache zu tun und zu hören. So schüttete sie mir – einer Fremden – ihr Herz aus, und ähnliche Gespräche gab es auch bei anderen unserer Reisegruppe.

Den stärksten Eindruck in dieser Hinsicht empfingen wir in Novy Sacz, einer Bezirksstadt mit 62.000 Einwohnern südöstlich von Krakau. In der dortigen „Kirche der Verklärung Jesu" fand unser erstes Konzert statt. Wir waren am vierten Tag unserer Reise gegen elf Uhr angekommen. Bis dahin hatten die Instrumente im Bus verpackt gelegen. Da die Aufführung am selben Tag auf 18 Uhr festgesetzt war, brannten die Instrumentalisten und Sänger darauf, sich einspielen bzw. einsingen zu können. Als wir, über 100 Personen, in die Kirche drängten, hatten ein paar alte Frauen beim Gebet gekniet. Ihnen müssen wir zunächst wie eine Horde Beelzebuben vorgekommen sein, denn im Kirchenschiff begannen nun die Instrumentalisten ihre Übungen, in jedem Gewölbe des Seitenschiffes stand ein Gesangssolist und brachte seine Stimme auf Trab. Dann begann die Probe. An Beten der Leute war da nicht mehr zu denken. Stattdessen füllte sich nun die Kirche mit Neugierigen. Die Kunde von unserer Ankunft muss durch das Städtchen geeilt sein. Vor allem die Kinder kamen scharenweise. Die Schulranzen noch auf dem Rücken, standen sie andächtig und mucksmäuschenstill und betrachteten und belauschten unsere Probe. Sie waren verhältnismäßig gut bekleidet. Aber unter den Erwachsenen, die bald alle Bänke füllten, gab es Armut, die unseren Augen völlig ungewohnt ist. Eine alte Frau, sehr ärmlich gekleidet, hatte einen kleinen Sack bei sich, das schien ihre ganze Habe zu sein. Sie verbrachte all die Stunden in der keineswegs sehr warmen Kirche, machte ab und zu ein Schläfchen und genoss offensichtlich diese interessante Abwechslung.

Da ich selbst nicht zu den Musikern gehörte, hatte ich während der Probe Zeit und wollte mir den Ort ein wenig ansehen. Aber ich kam nicht weit. Nicht nur weil es sehr kalt geworden war und zu schneien begann, sondern vor allem, weil ich immer angesprochen wurde, natürlich auf polnisch., wovon ich kein Wort verstand. Ein kleines, altes Mütterchen sprach lebhaft und pausenlos auf mich ein. Ich suchte vergeblich herauszufinden, was sie wollte. Schließlich gab ich ihr eine Apfelsine, die ich bei mir hatte. Beglückt und mehrmals winkend ließ sie von mir ab. Aber schon ein paar Schritte weiter wurde ich wieder angesprochen und war zunächst ratlos, bis ich dann verstand: die alte Frau wollte mir Äpfel verkaufen, die sie tütenweise mit sich schleppte. Es wurde mir klar, dass wir alle sofort durch unsere Kleidung auffielen. Ich kam mir allein etwas hilflos vor und wendete mich wieder der Geborgenheit der Kirche zu. Sie war ja auch der einzige Lichtblick in diesem Ort, wenn man von einem stattlichen Gebäude – dem Rathaus – inmitten eines sehr großen Marktplatzes absieht.

Am Abend waren wir in der Kirche die eigentlichen Empfangenden. Was wir empfingen? Eine Zuhörerschaft, die schon eine halbe Stunde vor Konzertbeginn die Kirche füllte! Gegen 17 Uhr waren schon alle Plätze besetzt, und es strömte noch immer. Schließlich standen die Leute dicht gedrängt beisammen: Kinder, Erwachsene, alte Leute – eine Zusammenballung äußerlich ärmlicher Menschen, und so standen sie fast drei Stunden. Eine halbe Stunde Wartezeit, zwei Stunden Musik und dazu noch die Zeit, in der der Priester uns begrüßte und Erklärungen über den Inhalt der Johannespassion gab. Man muss ja bedenken, dass die Bach'sche Musik den polnischen Katholiken nicht so geläufig ist wie uns. Aber das Passionsgeschehen, durch Bach'sche Töne dem menschlichem Empfinden nahegebracht, überbrückte alle Sprachhindernisse. Größte Stille und Ergriffenheit der Zuhörerschaft gaben uns Gewissheit, dass wir hier verstanden worden waren, dass christlicher Glaube uns mit diesen Menschen mitten in Polen verband, und wir verließen sehr beglückt und froh diesen Ort.

Im Gegensatz dazu brachte uns die Aufführung in der Krakauer Marienkirche eine gewisse Enttäuschung. Wohl war der Rahmen prächtig: die riesige Kirche voller Kunstwerke und Reichtum! Über uns die wunderbare Schönheit des Veit-Stoß-Altars mit seinem Gold und Blau, aber: die Zahl der Zuhörer war geringer, dazu ein Kommen und Gehen im Kirchenraum. Die meisten Leute wussten wohl gar nicht recht, was hier vor sich ging, und das hatte nicht zuletzt seinen Grund in der Tatsache, dass es offiziell keine Propaganda für unser Konzert gab. Druckerzeugnisse und Plakate müssen ja zur Genehmigung staatlichen Stellen vorgelegt werden. Es gab einige handgemalte Plakate in den Kirchen Krakaus. Wir wurden dann aber durch die zweite Aufführung in Krakau versöhnt, die wenige Tage später in der Dominikanerkirche sehr gut besucht war. Blumen von unbekannt und wärmste Dankesworte ließen uns spüren, dass unser Wirken in die Herzen gedrungen war, obwohl dort auch unter den Zuhörern Worte gezischelt worden waren: „Das sind Nazis!"

Es war auch etwas befremdlich, dass wir bei Konzertende in größter Eile den Altarraum verlassen mussten, weil sich das Kirchenschiff für eine sofort anschließende Messe füllte. Aber es gab eben immer Schranken zu überwinden, Schranken der Nationalität und der Konfession. Man muss versuchen, uns mit den Augen des Gastlandes zu sehen. Wir waren erstens Deutsche, zweitens Protestanten, drittens Reiche. Und so wurden uns natürlich die verschiedenartigsten Gefühle entgegengebracht. Sehr herzlich wurden wir naturgemäß in der evangelischen Kirche zu Krakau empfangen. Neben 85 katholischen Kirchen gibt es eine einzige evangelische. Die evangelische Gemeinde umfasst 400 Seelen bei einer Gesamteinwohnerzahl von 520.000. Die Kirche selbst ist kaum zu finden. Sie hat in unmittelbarer Nähe der riesigen Peter- und Paul-Kirche und einer romanischen Kirche, St. Andreas, aus dem 11. Jahrhundert mit anschließendem Klostergebäude, kaum Platz, ihre schlichte Fassade zwischen die Häuser zu quetschen. Aber diese Fassade mahnt den Betrachter mit einem Spruch:

Frusta vivit, qui nemini prodest
– Vergeblich lebt, wer niemandem von Nutzen ist –

Ich hatte zunächst den Auftrag, dem Pastorenehepaar ein Päckchen zu übergeben. Etwas unsicher suchte ich die enge, ärmliche Straße und stieg die abgetretenen Stufen eines mehrstöckigen Hauses hinauf, das einst bessere Zeiten gesehen haben mochte. Ich war bange, ob ich auch verstanden werden würde. Offensichtlich reagierte man auch jenseits der Wohnungstür vorsichtig und ein wenig ängstlich auf mein Klingeln, denn es wurde nicht gleich geöffnet, sondern irgendetwas gerufen, das ich mit einem nichtssagenden „Hallo" beantwortete. Aber da es ein weibliches „Hallo" war, wurde geöffnet. Nun stand ich einer Frau gegenüber, die sofort Freundlichkeit und Güte ausstrahlte.

„Ich komme aus Detmold", begann ich zaghaft. Aber da wurde ich schon auf's herzlichste umarmt, an's Herz gedrückt, hineingeführt und ausgefragt. Ich fühlte mich gar nicht fremd in dieser polnischen Stadt.

Ich war noch öfter in diesem evangelischen Winkelchen, lernte den Pastor kennen, der schon im Pensionsalter war und gerade einem Konfirmanden Einzelunterricht gab. Im Gemeindeamt fühlt man sich 100 Jahre zurückversetzt, so alt und ärmlich ist die Ausstattung. Aber die Herzlichkeit des Pastors und seine große Bescheidenheit waren äußerst beeindruckend. Als wir aus unserem Überfluss des Interhotelfrühstücks Schinken gesammelt hatten und zum Pastorenhaus brachten, wollte er ihn gar nicht annehmen.

„Ich schäme mich", sagte er wörtlich, aber die Pastorin war praktischen Sinnes. Sie wusste sofort, wem sie den Schinken bringen wollte und nahm ihn gern entgegen.

Man muss wissen, dass es für die Polen äußerst wenig Fleisch gibt. Vor Antritt der Reise waren wir gewarnt worden, „Schlangen" vor Fleischerläden zu fotografieren, weil man das begreiflicherweise nicht gern hat. Aber wo es kein Fleisch gibt, steht auch niemand Schlange. Ein einziges Mal sah ich eine Menschenreihe von ca. 30 Metern, aber es dauerte nicht lange, da war alles verschwunden: das Fleisch im Laden und die Menschen auch.

Es berührt sehr eigenartig, völlig leere Fleischerläden zu sehen. All die Haken ohne Last, nur ein paar kümmerliche Dosen standen herum. Polen führt ja viel Fleisch aus, um Devisen zu bekommen. Und um dieser Devisen Willen wurden wir im Interhotel prächtig versorgt! Wir bekamen morgens Schinken und/oder Eier, mittags und abends täglich warme Fleischgerichte, dazu Vorspeisen und Kuchen als Nachtisch. So lebten wir üppig inmitten der Armut. Man hatte uns gesagt, der Pole ist verstimmt, wenn westliche Ausländer Reste auf den Tellern lassen, während er selbst entbehrt. Das ist verständlich. Anfänglich gaben wir uns Mühe aufzuessen, was man uns auftischte. Aber der Punkt, wo man nicht mehr aufessen kann, ist dann sehr bald erreicht. Dann lässt man ebenfalls einen Teil der Speisen liegen und nährt damit ungewollt zwischenmenschliche und internationale Missverhältnisse und Missverständnisse und fühlt sich gewiss nicht wohl dabei.

Noch einmal zurück zu unserer kleinen evangelischen Gemeinde:

Während des Krieges war diese Kirche zur deutschen Kirche erklärt worden, wo die Gottesdienste für die deutsche Besatzung abgehalten wurden. Überhaupt ist für die meisten Polen evangelisch gleich deutsch. Das hat historische Ursachen.

Geblieben ist natürlich eine national-konfessionelle Feindschaft und „ab und zu schlägt man auch noch die Kirchenfenster ein", erzählte die Pastorin.

Wir sangen am Sonntag im dortigen Gottesdienst. Als die Pfarrfrau unsere hundertköpfige Gruppe sah, fragte sie erstaunt, und wie es mir schien, bewundernd: „Und die sind *alle* evangelisch?"

Dazu musste ich sagen, dass sich Chor und Orchester fast ausschließlich aus Jugendlichen zusammensetzten, während die dortige evangelische Diaspora sicher vorwiegend aus der älteren Bevölkerungsgruppe besteht. Den Gottesdienst hielt ein Amtsbruder des Pfarrers aus Warschau, weil der Krakauer Pastor an jenem Sonntag gerade Dienst außerhalb tat. Verständlicherweise hatte uns die polnische Predigt nichts geben können und die Strapazen von Reise und Konzerten machten ein wenig schläfrig. Aber dann drangen englische Worte an unsere Ohren. Langsam und gut verständlich, wie eben nur Nichtengländer Englisch sprechen, richtete der Pastor Gruß- und Dankesworte an uns und wies auf den heiligen Geist hin, der trennende Sprachschwierigkeiten überwindet und uns alle verbindet.

Nach dem Konzert in der Dominikanerkirche, bei dem auch ein Teil unserer evangelischen Freunde anwesend war, bekamen wir eine große Tasche mit kunstgewerblichen Geschenken in die Hand gedrückt. Wir hatten geben wollen, aber mehr empfangen!

Von einer reizenden Begegnung will ich noch erzählen.

Auf der Fahrt von Breslau nach Krakau hatten unsere beiden prächtigen, großen Mercedes-Busse Halt auf freier Landstraße gemacht. Da kam ein alter Mann auf uns zu und sagte, unser Bus versperre den Weg zum Feld, seine Frau müsse da hinein fahren. Tatsächlich gab es einen kleinen Feldweg. Aber wo waren die Frau und das Gefährt, die wir behinderten? Wir trauten unseren Augen kaum: Da kam ein ärmliches, altes Mütterchen und zog einen Handwagen. Darauf stand eine Art Regenfass, gefüllt bis oben hin mit Jauche. Der Bus wich vom Wege, wir vom Gestank und dem schwappenden Etwas, und ungehindert steuerten die beiden Leutchen ihr Fahrzeug auf die Wiese und verstreuten das Zeug mit einem Jauscheschöpfer, wobei sie mit größtem Staunen von unserer Jugend beobachtet wurden, für die sowohl ein solcher Schöpfer, als auch solche Tätigkeit völlig neu und unbekannt waren. Die Fotoverschlüsse klickten, die Filmrollen liefen allenthalben. Die kleinen Landwirte schmunzelten über uns. Der Mann sprach gelassen ein wahres Wort: „Euch geht es gut!" Er berichtete weiter: 80 % vom Dorfe hätte die Ausreise nach dem Westen beantragt, aber dem würde natürlich nicht stattgegeben. Und dann schöpfte er weiter, und wir fuhren davon. Aber aus den zwei blitzenden Bussen winkten viele junge Hände dem freundlichen Ehepaar mit dem unsagbar ärmlichen Handwagengefährt. Vergangenheit und Neuzeit, Armut und Reichtum hatten eine kleine, freundliche Begegnung gehabt.

Viel unerfreulicher waren die Leute, die uns fast überall – vor allem in Breslau – ansprachen, um von uns DM zu ertauschen. Sobald unsere Busse irgendwo hielten, wurden wir angesprochen: „Brauchen Sie Slotis? Haben Sie DM?" Für uns war es gefährlich und verboten, solche Wechsel auf der Straße zu tätigen. Der offizielle Tauschkurs stand bei 1 : 14, aber der Mann auf der Straße gibt 40 Slotis für eine Westmark. Für uns bedeutete das eine enorme Kaufkraft, aber die Auslagen in den Geschäften lockten uns kaum. Es gibt eine staatliche Handelseinrichtung, die überall dort, wo Fremde zu erwarten sind, mit wirklich schönen Dingen zur Stelle ist. Warum aber die Polen so scharf auf DM sind, erklärten uns unsere Reiseleiterinnen, die uns in Breslau zugeteilt wurden und während all der Tage begleiteten. Jeder Pole kann ein Devisenkonto eröffnen. Einen

Nachweis über die Herkunft der Devisen braucht er nicht zu erbringen. Kann er genug Reisegeld vorweisen, darf er ins westliche Ausland fahren. Während der Ansparzeiten aber kann der Staat mittels dieser privaten Konten seine ewig klaffenden Devisenlücken ein wenig stopfen. Während die DDR zahlreiche Wege gefunden hat, um ihren Bedarf an westlicher Währung zu decken (unsere zwei Busse mussten z. B. 870,00 DM an Straßengebühren für die Durchfahrt durch die DDR zahlen), hat es Polen in dieser Hinsicht schwerer. Unsere zwei polnischen Reiseleiterinnen waren sehr eifrig und nett. Sie trugen bewusst und sehr stolz westliche Kleidung, sprich Jeans. Sie waren vom Staat angestellt und uns zugeteilt. Ihr Reiseprogramm war ein ganz anderes gewesen als unseres, aber sie merkten wohl sehr bald, welches der eigentliche Sinn unserer Reise war und fügten sich unserem Programm. Es waren junge Frauen, in keiner Weise politisch aufdringlich, wie man das von Reiseleitern der Ostblockstaaten kennt, sondern sie schlossen sich unkompliziert unseren Jugendlichen an, genossen sichtbar die Vorzüge, die ihnen im Hotel mit uns gewährt wurden. Gelegentlich erzählten sie prowestliche Witze. Nur einmal nahmen sie ihre politischen Aufgaben unnachgiebig wahr: als es um die Teilnahme beim Besuch von Auschwitz ging. Nicht alle von uns wollten an der Fahrt dorthin teilnehmen, teils weil sie kein Bedürfnis nach dieser Stätte des Grauens hatten, teils weil sie erkältet und abgespannt waren. Aber es wurde uns erklärt, die Reiseleiterinnen bekämen Schwierigkeiten, wenn wir nicht alle Auschwitz besuchten.

So fuhren wir also am Sonntagnachmittag von Krakau nach Auschwitz. Nach den schneereichen, kalten Vortagen schien wärmend die Sonne und legte sich begütigend auf die Szene. Ich kann natürlich das Ganze in allen Einzelheiten nicht beschreiben. Das berühmte zynische Tor mit der Inschrift: „Arbeit macht frei", die unendlich langen Reihen der elenden Baracken, die elektrischen Drahtzäune, die Ausleserampe der Eisenbahn, die Folterkeller, die Todeszellen, die Krematorien – das alles kennt man doch wohl von Büchern her.

Als wir ankamen, wurden wir zunächst in das Kino geleitet und sahen dort Originalaufnahmen von den Sowjets, als sie 1945 das Lager befreiten.

Ich bejahe das Wort „befreien" in diesem Falle, aber wenn es während des Filmes hieß: „die Sowjets als Befreier Europas", dann schluckt sich das schon schwerer hinunter. Aber die folgenden Szenen vom April 1945 sind so ergreifend, dass alle innere Abwehr einem einzigen Mitgefühl und Bedauern weicht. Unsere jungen Leute hatten es etwas leichter, sie sagten sich: Das war nicht unsere Generation. Schuldgefühle kannten sie mit Recht nicht. Aber wir Älteren waren doch sehr nachdenklich und äußerst deprimiert und hatten uns vor allem der Frage der Jugendlichen zu stellen: „Haben Sie denn davon nichts gewusst?" Dass man davon im Inneren Deutschlands kaum etwas ahnte, und wenn man etwas wusste, warum man es dann nicht herausschreien durfte, das alles waren Fragen, die auf der Heimfahrt diskutiert wurden. Ich merkte deutlich, wie wenig begreifbar das alles für die Jugend ist, die heute gewohnt ist, alles frank und frei herauszusagen und zu kritisieren, was ihr nicht gefällt.

Die Führung durch das Lager hatte eine gut deutsch sprechende Dame übernommen, die mit äußerster Ausführlichkeit, aber auch mit Sachlichkeit, die Dinge beschrieb. Nur hin und wieder spürte man verdeckte Vorwürfe, etwa, wenn sie in aller Ruhe sagte, dieser oder jener Peiniger lebe heute in der Bundesrepublik. Ich las in den nächsten Tagen ein Büchlein über das Geschehen in Auschwitz. Von all dem geschilderten Leid hat mich am meisten jene Schriftstelle ergriffen:

> „Wenn die SS eine Selektion unter Kinder vornahm, so brachte sie in der Höhe von 1,20 Meter eine Latte an. Alle Kinder, die unter dieser Latte hindurchgingen, kamen zum Verbrennen. Da sie dies wussten, streckten die kleinen Kinder ihre Köpfchen so hoch wie möglich in die Höhe, um so in diejenige Gruppe zu kommen, die am Leben blieb."

Die Depression, die mich nach dem Geschehen und Gelesenen ergriff, verließ mich die letzten Reisetage nicht mehr. Sie durchdrang die Passionsmusik des letzten Konzerts, sie wurde verstärkt, als wir durch das Kattowitzer Industriegebiet fuhren, dieser grauen Anhäufung von Schmutz und Beton. Sie ließ auch nicht nach, als wir die letzte Nacht in Hirschberg verbrachten. Dieses Hirschberg hatte in meiner erzgebirgischen Jugendzeit einen bezaubernden Klang gehabt. Dieser landschaftlich so schön gelegene Ort ließ nur noch an einzelnen Häusern erkennen, welch gute Tage er einmal erlebt hatte. Unser Hotel „Europa" war unbeschreiblich heruntergekommen, die Toiletten unaussprechlich verwahrlost, die Zimmerbeleuchtung bestand aus nackten Glühbirnen usw. Nun erkannten wir richtig, dass wir all die Tage in Krakau eigentlich in einem potemkinschen Dorf gelebt hatten, nämlich im Hotel „Cracovia" bzw. „Holiday Inn". Zwei riesengroße moderne Hotels, die vorwiegend für Devisenbringer gebaut sind und in denen es auf den ersten Blick keinen Mangel gab. Im Gegenteil: Es wurden dort täglich die Bettwäsche, die Hand- und Badetücher gewechselt. Umstände, die den Kontrast zur einheimischen Bevölkerung noch steigerten. Man war uns überall zuvorkommend begegnet, und die herzlichen Kontakte in den Kirchen, die ich schon schilderte, dazu private Besuche bei Polen in Krakau, hatten freundschaftliche Empfindungen für dieses Volk aufgebaut. Das Wissen um seine glücklose politische Vergangenheit, seine wirtschaftliche Armut und die zwiespältigen Gefühle gegenüber dem sowjetischen Nachbar, hatten zu unseren Freundschaftsgefühlen bedauerndes Mitempfinden hinzugefügt.

Aber als wir auf der Rückfahrt durch die einstmals deutschen Gebiete Schlesiens fuhren, wichen diese positiven Gefühle leider einer Art von Zorn! Zorn über das heruntergekommene Land, über die oft ungepflegten Dörfer, die Bauernhäuser. Dabei lässt sich erahnen, welch schöne Gehöfte und Bauerndörfer oder Herrenhäuser hier einst standen. Als wir dann wieder durch die DDR fuhren, die ich bei früheren Besuchen immer als grau und hässlich empfand, kam sie mir heiter, freundlich und gepflegt vor. Fleiß vermag eben trotz aller schlechten Voraussetzungen Positives zu schaffen.

Lassen Sie mich nun noch einiges über die Landschaft und die Städte berichten.

Was ins Auge fällt, ist die Rückständigkeit, wobei ich hinter diesem Begriff ein Fragezeichen setzen möchte. Die Dörfer liegen, von fern betrachtet, idyllisch in der Landschaft. Kein Neubaugebiet zersiedelt das Naturbild. Auf den Feldern geht man teils noch hinter dem Pflug her, auf den Straßen Leiterwagen mit Pferden, ein friedliches Bild!

Näher betrachtet sind die Ortschaften dagegen unschön. Keine schmucke Hausfassade, keine neuen Fenster, keine Farbe. Graue und abbröckelnde Wände. Schaufensterstraßen in ihrer bunten Fülle, wie wir sie gewohnt sind, fehlen fast ganz. Nur ab und zu ein schmaler Laden. In Breslau frage ich mich, wie die Leute in den großen Wohnblocks überhaupt versorgt werden. Aber man erklärte mir dann, dass im Innenhof der Blöcke Geschäfte seien. Landschaftlich bezaubernd ist das Gebiet südöstlich von Krakau. Wir fuhren durch das reizende Dunajec-Tal, vorbei an langgestreckten Stauseen, nach Sovy Sacz. Auf der Hinfahrt am Morgen war es ein Frühlingstal mit idyllischen Himmelschlüsselchenwiesen, auf der Heimfahrt am Abend war der Winter zurückgekommen, es schneite und alles war verändert.

In Zakopane hatte es am 1. April 10 Grad minus gegeben. Aber am Tage unserer Ankunft standen Föhnwolken am Himmel. Das Thermometer stieg von Stunde zu Stunde, ebenso verwandelte sich die feste Schneedecke zusehends in nassen Matsch. Unsere Pläne verwässerten alle. Hinauf auf die Zweitausender konnten wir nicht, weil wegen des Föhns keine Gewähr gegeben wurde, dass die Gondel auch wieder abwärts fährt; auch für eine Busfahrt ins Hochgebirge gab es Verbot wegen Lawinengefahr. Also blieben uns nur eine Zahnradbahnfahrt auf eine relativ kleine Anhöhe und der Ort Zakopane selbst.

Wie Hirschberg (heute Jelenia Gora genannt) war auch dieser Wintersportort in meiner Kindheit etwas ganz Großes, Unerreichbares gewesen. Mit unseren verwöhnten westlichen Augen gesehen, die die schmucken Alpenorte kennen, ist dieses Zakopane nicht zu vergleichen. Stilistisch völlig unausgeglichen, zeigt es zwischen Neubauten und unansehnlichen Altbauten nur noch verstreut die ganz speziellen, sehr schönen Holzhäuser, die im ersten Viertel dieses Jahrhunderts von Wintersportlern gebaut worden waren und die Zakopane früher die besondere Prägung gegeben hatten. Sicher hätte alles unter blankem Himmel und glänzenden Schneegipfeln besser ausgesehen, aber wir wurden dann doch etwas entschädigt durch eine Fahrt in ein Nebental voller Krokuswiesen und mit dem Ort Chocholow, einem Dorf mit hochinteressanten Holzhäusern. Diese waren aus ganzen, längs übereinander gelegten Baumstämmen gefügt, wobei die Stärke der Stämme den Grad des Reichtums des Besitzers angibt. Es gab da Häuser, deren Längenwand nur aus wenigen dicken Stämmen bestand. Wir erbaten in einem der Häuser Einlass und wurden zunächst durch eine unsaubere, voll gestopfte Küche geführt, dann in ein Schlafzimmer, in dem sich riesige Federbettentürme stapelten, alle blütenweiß bezogen und – ich traute meinen Augen nicht – alle mit allerfeinster Stickerei versehen. Dann öffnete man uns Truhen voller bestickter Trachten und bunter Tücher und Schränke voller Felljacken, deren Leder aufs kunstvollste bunt verziert waren. Hier waren wir an die Wurzeln polnischer Volkskunst vorgedrungen, an wunderschöne Ergebnisse großen Fleißes.

An größeren Städten sahen wir neben Krakau auch Wroclaw, das alte Breslau. Es muss einmal eine herrliche Stadt gewesen sein, vor allem durch seine Lage an den verschiedenen Oderarmen. Aber nach dem Krieg waren 70 Prozent davon zerstört. Heute kann man die großen ehemaligen Lücken im Wohngebiet deutlich erkennen, denn sie sind ausgefüllt mit großen Wohnkästen, deren Nachkriegsbauweise in die Augen springt. Dazwischen verstreut liegen die Kostbarkeiten Breslaus: vor allem das gotische Rathaus, das im Krieg nahezu unzerstört blieb, ist ein architektonisches Kleinod. Die den Markt umkränzenden Patrizierhäuser sind zum Teil im alten Stil wieder aufgebaut. Aber es fehlt ihnen die Frische guten Farbmaterials. Die große Elisabethkirche ist vor einiger Zeit abgebrannt, sie bildet einen etwas unheimlichen Hintergrund für die zwei kleinen Häuschen, die man „Hänsel und Gretel" nennt.

Will man den Reichtum einer polnischen Stadt sehen, so muss man in die katholischen Kirchen gehen. Sie wurden alle wieder aufgebaut und mit alter und neuer Pracht versehen. Da Polen keine Kirchensteuer kennt, lebt und blüht die Kirche fast nur von Spenden, und diese müssen bei aller sonstiger Armut reichlich geflossen sein. Für das polnische Volk bedeutet die Kirche nicht nur inneren Halt und Stütze in seinem schweren Dasein, sondern sie ist in ganz starkem Maße Gegengewicht zu den sozialistisch-kommunistischen Strömungen von Seiten des Staates. Man hat zum Beispiel Kirchen ohne Erlaubnis gebaut, indem man zunächst den Bau mittels eines großen Schuppens tarnte und dann die fertige Kirche enthüllte. Oder: in Nova Huta, dem neuen Hüttenkombinat vor den Toren Krakaus, hat man sich den Bau einer Kirche mit Erfolg *erstreikt*. Der Besuch der Gottesdienste ist enorm. Vielleicht verstärkt durch die Karwoche, waren die Messen zu allen Tageszeiten überfüllt. Oftmals war uns – wie in der Breslauer Kathedrale – nur ein kurzer Gesamtblick in das Kircheninnere möglich. Interessant war, dass in Vorbereitung auf das Osterfest in vielen Kirchen große Zimmerarbeiten vonstatten gingen. Unsere polnischen Freunde erklärten uns, dass da das Grab Christi aufgebaut würde. Die ganze Szene würde über und über mit Blumen geschmückt. Den Ostervormittag verbrächten sie damit, von einer Kirche zur anderen zu gehen und in langen Reihen von Gläubigen an den geschmückten Grabdarstellungen Christi vorbeizuwandern. Die Erzählerin schwärmte von dieser Pracht und freute sich sichtlich auf den kommenden Ostermorgen. Ich will von Breslau, in dem wir nur einen Tag verweilten, nur noch das schöne Universitätsgebäude erwähnen und die weitläufigen Anlagen des Szczytnicki-Parkes. Im Großen und Ganzen hat uns das Stadtbild Breslaus mit seinen nur schlecht verheilten Kriegswunden deprimiert, wobei dieser negative Eindruck verstärkt wurde, weil es regnete und wir nach langer Anreise noch recht müde waren.

Um so faszinierender zeigte sich Krakau. Wenn ich ehrlich sage, was ich vor der Reise über Krakau wusste, muss ich sagen: nichts! Es war für mich – wie für viele sicher auch – irgendeine Stadt im Osten. Und ich wusste auch nicht, dass sie im Krieg fast unzerstört blieb, weil sie durch Umzingelung seitens der Russen sehr rasch eingenommen wurde. Was dadurch an Kunstdenkmälern, an historischen Bauten, an wertvollen Museen erhalten blieb, ist enorm. Wir waren entzückt, eine geschlossene Altstadt vorzufinden mit einem riesigen Marktplatz, in dessen Mitte die Tuchhallen stehen.

Ein lang gezogenes, kunstvoll verziertes Gebäude, das sich mit Recht durch die Einmaligkeit seiner Architektur mit dem Dogenpalast vergleichen kann. Diese Tuchhallen dienten seit dem 14. Jahrhundert dem Handel und beherbergen heute viele Verkaufsstände der polnischen Volkskunst. Daneben erhebt sich ein mächtiger, allein stehender Turm als der Rest des Rathauses aus dem 14. Jahrhundert. Das Rathaus selbst wurde 1810 abgebrochen. Im Kellergewölbe des Turms wurde eine stilvolle Gaststätte errichtet, in der die Angestellten mittelalterliche Tracht tragen. Als Spezialität wird eine Art Met angeboten, sehr wohlschmeckend und wirksam. Die eine Ecke des Marktplatzes beherbergt die kleine St. Adalbert-Kirche aus dem 12. Jahrhundert. Die andere Ecke wird abgeschlossen durch die Marienkirche aus dem 14. Jahrhundert. Deren zwei ungleich hohen und ungleich verzierten Türme sind sehr einprägsam. Von dem mit einer Krone verzierten Turm erklingt jede volle Stunde ein mittelalterliches Hornsignal, das abrupt abbricht in Erinnerung an einen Turmbläser vergangener kriegerischen Zeiten, der mitten in der Melodie von einem feindlichen Geschoss getroffen wurde. Wie erwähnt, beherbergt die Marienkirche den prächtigen gotischen Altar, den Veit Stoß in den Jahren 1477 – 1489 geschaffen hat. Die Polen nennen ja diesen Meister Wit Stosz und bezeichnen ihn als Polen. Wir halten ihn für einen Nürnberger. Ein weiteres Werk dieses Meisters ist ein steinernes Kruzifix im rechten Seitenschiff. Auch im Wawel-Schloss von Krakau konnten wir ein Werk von Veit Stoß bewundern: einen gotischen steinernen Sarkophag des Königs Kazimierz Jagiellonczyk. Besonders gefiel uns in der Marienkirche auch die gotische Kanzel, die in ihren Farben Blau-Gold eine harmonische Ergänzung zum Veit-Stoß-Altar ist.

Der Marktplatz in seiner Gesamtatmosphäre, mit seinen heiter geschwungenen Formen, seiner Betriebsamkeit, seinem Blumenmarkt, seinen Geschäften und Restaurants erinnert an österreichische Lebensart. Das ist historisch begründet, denn nach der dritten Teilung Polens 1795 fiel Krakau an Österreich, war dann zwar vorübergehend Teil des Großherzogtums Warschau und auch ein Freistaat Krakau, aber von 1846 bis 1918 gehörte es zu Österreich. Dieses hat eine gewisse Prägung hinterlassen. Das soll nicht heißen, dass Krakau etwa nicht eine polnische Stadt wäre.

Vielmehr war Krakau bis Ende des 16. Jahrhunderts polnische Landeshauptstadt. Schon zur Zeit der ersten historischen Erwähnung im Jahre 965 war Krakau ein bedeutender Handelsplatz und seit dem Jahre 1000 Bischofssitz. Vom 16. – 18 Jahrhundert war Krakau der Krönungsort der polnischen Könige. Um diesen historischen Städten nachzugehen, müssen wir zum Weichselufer wandern und auf die Wawelburg steigen. Dieser weitläufige Gebäudekomplex thront auf einem Kalkfelsen am Fluss und setzt sich aus Kathedrale und Schloss mit Wehrmauern und -türmen, Torhäusern und Innenhöfen usw. zusammen. Die Kathedrale als Krönungskirche von über 30 Königen und Königinnen ist eine wahre Schatztruhe und Zeuge polnischer Geschichte. Kostbare Sarkophage, 18 Seitenkapellen im gotischen-, Renaissance- und Barockstil, bunte Marmorausschmückungen, Skulpturen und 1.000 Kostbarkeiten aller Art vermitteln einen Eindruck von einstiger königlicher Pracht. Im Kirchturm hängt die größte Glocke Polens mit Namen Zygmunt, acht Tonnen schwer, gegossen 1520 von einem Nürnberger Meister.

Das daneben befindliche Schloss enthält noch frühromanische und gotische Fragmente, vorherrschend aber ist der Renaissance-Stil aus der Zeit des Umbaus von 1507 – 1537 durch zwei italienische Architekten (Francesco Fiorentino und B. Berecci). Der Arkadenhof ist wohl einer der schönsten Renaissance-Höfe überhaupt. Als im Jahre 1609 König Zygmunt III. Warschau zu seiner Hauptstadt erwählte, verlor das Schloss an Bedeutung und blieb lange Zeit unbewohnt. Am Anfang dieses Jahrhunderts restaurierte man es und schuf darinnen Museen. Noch einen Bewohner gab es: 1939 zog Hans Frank als Generalgouverneur in das Schloss, unter historischen Gesichtspunkten betrachtet – eine Anmaßung!

Die Schlossräume, nur sparsam mit wertvollen Möbeln bestückt, sind schon durch ihre Eigenausstattung kostbar und bildschön: schmuckvolle Kassettendecken, bunt ziselierte Ledertapeten. Das Imponierendste aber ist wohl die Sammlung von riesigen, golddurchwirkten Wandbehängen, die im 16. Jahrhundert in Flandern käuflich erworben worden waren. In einer Broschüre darüber las ich: „Die jetzige Sammlung zählt nur noch 136 (von ehemals 360) Exemplaren. Sie ist die einzige in der Welt erhaltene, so reiche Kollektion von Bildteppichen, die für nur ein Schloss von einem einzelnen Menschen, nämlich König Zygmunt August erworben wurde."

Übrigens entdecke ich im Juni dieses Jahres bei einem Besuch des Wasserschlosses Moritzburg bei Dresden eben dieselbe Art von Ledertapeten und wurde daran erinnert, dass August der Starke, der Hausherr von Moritzburg, nicht nur König von Sachsen war, sondern auch auf dem Wawel-Schloss zum König von Polen gekrönt worden war.

Wendet man sich vom Wawel-Hügel nach Süden, denn kommt man ins ehemalige Judenviertel. Es ist äußerst verfallen und wird zum Teil abgerissen. Es war ein wenig beklemmend, allein in den engen, düsteren Straßen und Gassen umherzuschlendern, aber es interessierte mich vor allem die älteste polnische Synagoge, die sich laut Stadtplan dort befand. Sie war natürlich zerstört gewesen, ist jetzt aber wieder aufgebaut. Man kann sie besichtigen und sich dem fremden Zauber dieses sakralen Bauwerkes hingeben.

Noch nichts habe ich erzählt von Krakaus anderen Kirchen, von der Pracht der Franziskaner-, der Dominikaner- der St. Annenkirche, um nur einige zu nennen. Noch nicht erwähnte ich die vielen Bürgerhäuser, die fast alle ihren eigenen Schmuck tragen mit schönen Fassaden, Fenster- und Türenverzierungen, Innenhöfen, Skulpturen usw. Aber leider schreitet der Verfall dieser Stadt voran. Wie mir ein polnischer Einwohner erklärte, zerstören die chemischen Abgase des neuen Hüttenwerkes die Gebäudefassaden und ihnen gelingt, was der Krieg verschonte. Hinzu kommt eine dreißigjährige Vernachlässigung der Stadterhaltung, weil Krakau heil den Krieg überlebt hatte und der Baubedarf in anderen Städten viel gravierender gewesen war. Heute rächt sich das, und man wünschte sich, unser östlicher Nachbar hätte alle finanziellen Mittel zur Verfügung, um dieses europäische Kulturerbe zu erhalten. An Kunstsinn und Verständnis fehlt es nicht, auch wenn im 19. Jahrhundert entscheidende Fehler gemacht worden waren: Man hat zum Beispiel damals die mittelalterliche Stadtbefestigung entfernt, um eine Promenade anzulegen. Einen kleinen Rest nur der Befestigung ließ man stehen:

das Florentinertor mit einem Stück Stadtmauer und die Barbakane, eine dem Tor vorgelagerte Anlage seltener Bauart mit Umgang und sechs kleinen Türmchen – ein Gebäude voller Harmonie.

Der Chor machte auch noch einen Ausflug in das zirka 15 Kilometer südöstlich von Krakau liegende Wieliczka. Dort befindet sich ein Salzbergwerk, in dem seit dem 13. Jahrhundert abgebaut wird. Die obersten drei Sohlen von insgesamt neun sind als Museum ausgestaltet worden, und es ist ungeheuer interessant, in diese Welt hinunter zu steigen. Ein Bergwerk ist ja an sich schon sehenswert. Hier kommt hinzu, dass seit Jahrzehnten Volkskünstler am Werk sind und die Salzwände der stillgelegten Sohlen künstlerisch bearbeiten. So wie der Steinmetz dem Steinen Formen gibt, so haben hier begabte Bergarbeiterhände aus den übriggebliebenen Hohlräumen Kapellen, ja einen riesigen Kirchenraum geschaffen. Altäre, Wandbilder, Leuchter, Balustraden, Standbilder, Treppen, Fußböden mit Kachelmuster, alles ist aus dunkelgrauem, harten Salz geschaffen. Wir konnten nicht widerstehen, im Inneren der großräumigen Salzkirche eine Motette anzustimmen. Die Akustik war wunderbar, und wir wünschten uns, die Johannes-Passion einmal an diesem Ort aufzuführen. Neben diesen Salzkunstwerken gibt das Museum beeindruckende Einblicke in die primitiven früheren Arbeitsbedingungen. Man sieht die geknüpften Hanfseile, an denen sich die Leute herabhangeln mussten, den Pferdegöpel, die die Pferde bedienten. Die, einmal an Seilen in die Tiefe gelassen, die unterirdische Finsternis nie mehr verließen, schließlich erblindeten und elend zugrunde gingen. Man sieht aber auch wunderbarste Salzkristalle. Unter der Sammlung berühmter Besucher erscheint auch Goethe, der als interessierter Naturwissenschaftler extra eine Reise nach Wieliczka unternahm.

War es nicht Goehte, der sagte: „In der Beschränkung zeigt sich der Meister?"

Gibt er mir das Mahnwort zum Schluss meines Berichtes? So will ich, obwohl weit davon entfernt, ein Meister zu sein, mich dennoch beschränken in der Hoffnung, einen Eindruck von den vielfältigen Erlebnissen dieser Reise gegeben zu haben.

Lagginhorn 1978

Wir,

Hemut, Bezwinger von Allalinhorn,	4.027 Meter
" " von Nadelhorn,	4.327 Meter
Rudi, Bezwinger von Nadelhorn,	4.327 Meter
" " von Alphubel,	4.206 Meter
" " von Weißmies,	4.023 Meter
Inge, Bezwingerin von Nadelhorn	4.327 Meter

zusammen 170 Jahre alt,

zogen aus, wieder einmal gemeinsam einen Viertausender „zu machen".
Angestrebt war die Weißmies im Wallis. Hauptquartier: Pension „Elite" in Saas Grund, Zeitpunkt: letzte Juniwoche 1978, ein ungünstig gewählter, weil viel zu früher Termin, da in diesem Sommer der Winter noch gar nicht aufgehört hatte. Aber wer konnte das Monate zuvor schon ahnen?

Obwohl es einen Teilnehmer gab, der das ganze Unternehmen wegen dieser Wetterlage fallenlassen wollte, wurde seine Meinung durch eine Zweidrittelmehrheit überstimmt bzw. gar nicht beachtet.

Meine Reise begann Freitag, den 23.6. mit der Bahnfahrt nach Köln und ein Stück wieder zurück zum Bahnhof Leverkusen-Wiesdorf, dessen einzige Telefonzelle kaputt war, so dass ich mit Koffer und Rucksack auf hohen Absätzen (!) zur Pforte der Bayerwerke stolzierte, um vereinbarungsgemäß über die Sekretärin das „Büro Dr. Beuchelt" informierte, seine Schwester sei eingetroffen, er möge sich gefälligst von seiner Arbeit trennen und mit ihr in den Urlaub fahren.
Nachdem die Sekretärin dies wörtlich und allen vernehmlich verkündet hatte, dauerte es noch ein Weilchen. Dann, kurz von 16 Uhr traf er in der Pförtnerloge ein, wo ich krampfhaft meine letzten Briefschulden erledigt hatte.

Mit Wonnegefühlen verließen wir den grauen, stinkenden, ach so wichtigen Bayer-Arbeitsplatz und trafen unter pausenlosem Schwatzen während der Fahrt im komfortablen BMW gegen 21.45 Uhr in Weil am Rhein ein.

Wir hatten kaum unser Doppelzimmer im Gasthof „Krone" betreten, als es klopfte und mit strahlendem Lächeln der Dritte im Bunde eintraf. Köln-Weil, Nürnberg-Weil, nur zehn Minuten Unterschied!

Salatplatten und saurer Wein (Helmut, dein Gesicht!) beschlossen den Tag.

Samstag, 24.6.

Helmut, ohne richtige Uhr, verschlief, so verspätete sich allgemein das Frühstück, so dass wir Sorge hatten, in Grenzschlangen zu geraten. Die Diskussion über die Bezahlung unseres Doppelzimmers war aufschlussreich und logisch:

Rudi: „Wenn ich mit einer Dame in einem Doppelzimmer schlafe, pflege *ich* zu bezahlen."

Ich: „Mir gefällt das Wort ‚einer' nicht, es ist immer so ein *unpersönliches* Fürwort."

Rudi: „‚Einer' ist ein Zahlwort."

Helmut: „Also muss Rudi zahlen!"

Nach Renates telefonischem bösen Omen „Schneefall" in den Bergen bis herab zu 1.200 Meter und Stau am Grenzübergang Basel, wählten wir die kleine Grenzabfertigung bei Weil und waren überrascht, auf diese nahezu „gleich um die Ecke" zu stoßen. Ohne Aufenthalt waren wir drüben. Helmut hatte noch um eine Gedenkminute bei der Brücke in Kirchberg gebeten. Jener Brücke, über die er eine Woche vorher beim Bieler 100-Kilometer-Lauf in Regen und Kälte gegangen war.

Da er jetzt auf der gesamten Schweizer Strecke hinter uns herfuhr, wurde die Gedenkminute mittels Blinkzeichen nach hinten sichtbar gestaltet. Aber die technischen Grüße kamen bei Helmut nicht an: das Licht war gar nicht eingeschaltet – Physiker!

Brav hinter uns schwenkte Helmut auch auf den Parkplatz vor dem Blausee bei Kandersteg, der diesmal in Augenschein genommen werden sollte.

Was wir fanden, stieß uns ab: Drahtverhau um das ganze Gelände und Eintrittskasse. In Kandersteg dann ging's per Autozug unter dem Lötschenpass hindurch nach Goppenheim. Diese Tunnelfahrt von ungefähr 15 Minuten war ein bisschen unheimlich, denn es herrschte totale Dunkelheit bis auf die Lichtscheine der Taschenlampen, welche die Kinder im Auto vor uns hin- und herschwenkten. Auch schwankten die Zugwagen ziemlich, und die Luft roch nach Technik. Dann, froh wieder unter freiem Himmel zu sein, galt es, eine enge, kurvenreiche Straße hinunter nach Gampel zu durchfahren. Immer hat an der tiefschluchtigen Lonza vorbei. Mit Wohnanhänger möchte ich dort jedenfalls nicht fahren. Vor allem wegen der Engstellen und des Gegenverkehrs. Rhonetal, mit Freuden begrüßen wir dich. Erinnerungsfroh bogen wir bei Visp ins Tal der Vispa und in Stalden in das der Saaser Vispa.

13.30 Uhr erreichten wir das Haus Elite in Saas Grund, welches eine Bäckerei beinhaltet, die uns mit unwiderstehlichem Kuchenduft empfing. Gleich nach Zimmerbelegung, verteilt auf die jeweiligen Einzelzimmer dreier Wohneinheiten, so dass jeder von uns ein Badezimmer zu alleiniger Verfügung hatte, gaben wir uns Bergen von Kuchen hin, ohne zu wissen, dass dieses „Mittagessen" das einzige sein sollte, das wir in diesen neun Tagen zu uns nehmen konnten.

Das Wetter war durchwachsen, recht kühl. Wolken verbargen alles, was wir gerne sehen wollten: die Welt über 2.000 Meter.

Wir gingen den reizenden Kapellenweg nach Saas Fee hinauf. Mich erfreute besonders die Alpenflora des Junis, der ich nun zum ersten Mal begegnete. Wiesen voller Trollblumen! Mit manch lieben bekannten Blumengesicht feierte ich heimlich Wiedersehen, staunte über neue: schwefelgelbe Kuhschelle, vor allem quirlblättriges Läusekraut, fleischfressendes Alpenfettkraut usw. So manchen Begeisterungsausruf konnte ich trotz entsprechender Bemühungen nicht unterdrücken und musste – ob sie es wollten oder nicht – meine Begleiter immer und immer wieder auf diese und jene Alpenblume aufmerksam machen. Die gelbe Kuhschelle (oder Küchenschelle) haben sie auf alle Fälle jetzt kennengelernt. Saas Fee zeigte sich völlig anders, als an jenem heißen Augusttag 1974: wie ausgestorben, kalt, acht oder neun Grad! Vergeblich versuchten wir, die Michabelhütte zwischen Schnee und Wolken zu entdecken, durchliefen den Ort und froren. Als meine Finger fast alle „abgestorben" waren, stellten wir uns die Frage: Umkehren oder mit Tempo hinaufgehen zur Seilbahnstation „Spielboden", auf 2.426 Meter Höhe gelegen. (Saas Fee hingegen liegt 1.772 Meter hoch.) Die Zweidrittelmehrheit entschied: Hinauf! Es war zwar bereits 16.30 Uhr, aber wir hatten ja die längsten Tage des Jahres. Ein bisschen Schneefall, ein dickes zahmes Murmeltier, eine Gemse im Schnee, der Feegletscher, der uns damals beim Aufstieg zur Michabelhütte etwas Kühle zugeweht hatte, das alles lohnte sich. Dann rissen die Wolken auf, jagten dahin, lösten sich und legten frei, was wir suchten: die neu erbaute Michabelhütte. Vor allem die Weißmieß interessierte, weil sie das Ziel dieser Reise war, aber die anderen Berge drängelten sich mit auf das Foto, wie gut!

19.20 Uhr erreichten wir nach viel Bummelei Spielboden. Das Restaurant war noch geschlossen, Neuschnee bedeckte Tische und Stühle auf der Terrasse. Hoch oben in einer weißen Ecke, neben dunklen Felsen, war ein Skilift zu sehen. Das sei das Sommerskigebiet über Felskinn, erklärte Rudi, aber mir schien es bei diesem Wetter düster, steil, wenig verlockend. Auf unser Raclette-Essen (gebackener Käse mit Pellkartoffeln), von dem Rudi immer schwärmt, mussten wir für diesen Abend verzichten, denn erst gegen 20.30 Uhr waren wir wieder in Saas Fee. Aber das Abendbrot in der dortigen „Skihütte" war auch nicht schlecht, und frohgestimmt traten wir den Heimweg nach Saas Grund an. Dieses liegt zirka 200 Meter tiefer als Saas Fee, und wegen der Dunkelheit wählten wir zunächst die Straße, die sich durch etliche Windungen herunterschlängelt.

Aber dann kam die Versuchung in Form eines kleinen, abwärts führenden Pfades, der wir, das heißt Zweidrittelmehrheit, nicht widerstehen konnten. Bei Tage sicher ein reizvoller Weg, erwies er sich nun bei Stockdunkelheit als ziemlich halsbrecherisch. Helmut jammerte seiner schönen, glatten Straße nach: „Ich habe mich so auf die vier Kilometer gefreut!"

Später trafen wir wieder auf die Straße und hatten nur einen einzigen Bogen gespart. Nun hatte Helmut seine Spezialfreuden: Er hüpfte von einem Stück weißen Mittelstrichs auf das nächste. Aber, als der Abstand dieser Striche erheblich größer wurde, schimpfte er über „eingebaute Schikanen". Was wäre unser Urlaub ohne den Humor unseres Seniors? Den Abschluss unseres Ankunftstages bildeten ein klarer Sternenhimmel und schemenhaft erkennbare Alphubel, Dom und Lenzspitze.

25.6., Sonntag

Der Sternenhimmel hatte uns getäuscht. Heute früh regnete es. Wir genossen in Ruhe unser Frühstück: Riesenkannen Kaffee bzw. Tee und eine große Kanne heißer Milch, viele Butterkugeln, die allerdings aus Margarine bestanden, Käse, Marmelade, Brötchen, Brot. Dann besorgte Rudi Buskarten nach Stalden. Geplant war der Aufstieg nach Gspon und der Höhenweg zurück nach Saas Grund. Der Busschaffner war sichtlich verwirrt, dass wir nicht automatisch die Gondelfahrt nach Gspon lösen wollten. Er meinte schließlich, zum Laufen nach Gspon müsse man aber früher aufbrechen. Nun ja, der morgendliche Regen!

Jetzt, 10.45 Uhr, schien die Sonne, die Fahrt hinunter nach Stalden erschien mir lang und länger. Das alles wollten wir zurücklaufen?

In Stalden mussten wir noch wir noch tiefer hinunter, um auf einer kleinen Holzbrücke die Saas Vispa in ihrem felsigen Schluchtenbett zu überqueren. Der reizende Wanderweg ist halb verwachsen, mit Blumen geschmückt. Wer geht ihn noch? Hohnlachend schwebte die Gondel über uns, als wir den Aufstieg begannen. Von 800 Meter auf 1.893 Meter, alles in Mittagshitze, die wir aber gern ertrugen: endlich ein Sommertag!

Brunnen an allen Ecken und Enden. Wir tauchten die Arme ganz in die Stein- oder Holztröge, tranken gierig von dem ewig fallenden Wasserstrahl. So viel, dass mein Magen über's allzu kalte Nass spürbar meuterte. Rudi drehte – wie von uns erwartet – sogar an einem Rad einer Feuerlösch- oder Bewässerungsanlage und erzielte eine schöne, erfrischende Fontaine. So schraubten wir uns höher, oftmals nach dem verfallenen Weg suchend.

Oberhalb Staldenried war er durch riesige Steinbrocken verschüttet. Hoch oben war ein sehr großes Stück Felsen ausgebrochen und den Hang herabgestürzt, mehrere Bäume mit sich reißend. Wir mussten diese Steinwüste queren und jenseits den alten Wanderweg suchen. Er war dort ganz besonders schön, lief an einem kleinen Graben entlang, durch den man die Almen bewässert. Einem „Oberlehrer" begegneten wir, der uns mit erhobenem Finger zurechtwies: „So etwas macht man lieber in der Frühe!"

Was sie nur alle wollen? Wir haben die längsten Tage des Jahres, es wird noch lange hell sein. Stalden unter uns bot ein zauberhaftes Bild, ein ewig reizendes Fotoobjekt, aber es verschwand einfach nicht. Nach langem Steigen wurde es lediglich allmählich kleiner. Nach mehr als drei Stunden erreichten wir Gspon, einen Postkartenort mit grünen Wiesen, weißem Kirchlein, verstreuten Häusern, blauweißem Himmel.

Nun endlich wandte sich der Weg südwärts, also in Richtung Saas Grund, aber immer in der Höhe bleibend. Gegen 16 Uhr hielten wir an einem polternden Bach eine richtige kleine Rast im warmen Sonnenschein und nährten uns von etwas Schokolade, Keks und Studentenfutter. Aber gleich danach verschwand die Sonne. Tief unter uns das Tal mit den Spielzeughäusern und dem schmalen Straßenrand war schon schattig und düster, die Höhe jenseits lagen bald in dichten Schneewolken gehüllt. Schade, dieser sehr abwechslungsreiche Pfad müsste wunderbare Ausblicke geben. Unsere Bergseite war zwar noch lange sichtfrei, bis es auch bei uns etwas schneite. Etliche steil abfallende Wasserläufe, Schuttschrunden mit Altschnee gab es zu überwinden, aber das waren immer nur wenige Meter, auf denen Trittsicherheit vonnöten war. 20.30 Uhr erreichten wir Saas Grund, mit Raclette-Esen war's wieder nichts. Aber im Hotel „Bergheimat", nur etwa 400 Meter vom „Elite" entfernt, bezogen wir wieder unseren abendlichen Stammplatz. Die servierende Tochter des Hauses war jung und zumindest interessant. Der Koch, offensichtlich der Sohn des Hauses, litt an unbeschreiblicher Fettsucht. Die Chefin schien herb und streng. Aber alle Sympathien gehörten der blutjungen, zunächst schüchternen Angestellten, die später, als wir schon bekannt waren, viel Humor zeigte und, als sie die Weinkaraffe „unbotmäßig" weit über den Strich gefüllt hatte (was wir sofort laut zur Kenntnis nahmen), mit den bezeichnenden Worten erklärte: „Wenn ich das Kind des Hauses wäre, würde ich das nicht tun, aber so kann ich das schon mal machen."

26.6., Montag

Heute tauschten wir erst einmal DM in Fränkli um (100 DM = 89 Fr.), und da das Wetter noch immer sehr fragwürdig und für den Viertausender ungeeignet ist, nahmen wir uns die Britannia-Hütte (3.030 Meter) zum Ziel. Von Saas Almagell aus stiegen wir, den Meiggergrabe, ein steil herabstürzendes Gewässer querend, einen Zickzack Wanderweg hinauf. Im Tal war's sommerlich grün, Schafe grasten bimmelnd durch's Gelände. Das Steigen war angenehm, durch die Kühle der Luft kam man kaum ins Schwitzen, obwohl sich der Weg durch schroffe, steile Felspartien windet.

Eine Steinbockfamilie war gar nicht scheu, vor allem der Vater ließ sich in aller Ruhe fotografieren. Ein kleines, steiles Schneefeld konnten wir noch umgehen, aber dann erreichten wir geschlossenes Altschneegebiet. Wie gut, dass wir unsere Steigeisen mitgenommen hatten, die nun angeschnallt wurden. Das leichte Sommergefühl des Tales wich nun einer reinen Winterwelt. Vor uns riesige Schneefelder, bedeckter Himmel, leichter Schneefall. Am Rande eines Felsbrockenfeldes sackte ich knietief in den Schnee, und eine scharfe Steinkante schnitt mir zwei Wunden ins Bein, die jedoch erstaunlich gut zuheilten. Hier gab's keine Bakterien. Nun aber rollten wir die langen Wollstrümpfe hoch, es soll uns eine Lehre sein.

Der Aufstieg so ins leere Nichts hinein, ohne Spur, erschien mir ein bisschen unheimlich. Aber Rudi kennt das Gelände vom Skifahren her. Er spurte am Fuß des Egginerhorns entlang, um die Querung des Gletschers zu vermeiden. Über uns am Egginerjoch tauchten wirklich Skifahrer auf, man sah sie jeweils nur vom Lift kommend weghuschen. Sommerski, das schien mir immer unwirklich, aber jetzt dies hier ist wirklicher Winter. Helmut schüttelte den Kopf. Skifahren ist nicht sein Fach. Noch vor kurzem hätte ich mit in sein „bergverschandelndes Teufelszeug" eingestimmt, jetzt lassen mich die März-Skierinnerungen am Hohen Ifen und Kanzelwand verstummen.

Rudi spricht es aus: Kamerad Helmut einen Tag allein lassen und am Felskinn einen Tag Skifahren! Verlockend!

Jetzt ist auch die Britannia-Hütte zu sehen, das Fernglas zeigt offene Fensterläden. Zwei schmale Strichmännchen als einzige Mitmenschen in der weißen Einsamkeit bewegen sich auf die Hütte zu. Wir begrüßen sie später vor der Hütte, und sie fragen uns, ob wir die drei Leute gesehen hätten, die da aus der Tiefe des Tales über die Schneefelder emporgekommen seien.

„Das waren wir!"

„Da sind Sie aber schnell heraufgekommen."

Dieses Paar folgt uns auf den Kleinen Allalin, der hart neben der Hütte emporsteigt, zwar nur 3.069 Meter hoch, aber ein Dreitausender „zum Mitnehmen", der einen guten Rundblick bietet: die schneeigen Flucht- und Strahlhörner, den weitläufigen, zerklüfteten Allalingletscher und vor vor allem unter uns, in schwindelndem Abgrund, den Mattmarkstausee. Ein schönes Gipfelbild machen die beiden Leutchen von uns. Mal eins, wo unsere Dreiergruppe vollständig aufgereiht ist.

Ich freute mich jetzt unbändig auf den heißen Tee, dem es in der Hütte geben sollte. Aber nichts davon! Rudi drängte, wir müssten doch noch die 16.30 Uhr oder 17.00 Uhr-Gondel am Felskinn erreichen, um nach Saas Fee zu kommen.

Der sonst gut und oft begangene Höhenweg von der Gondelstation Felskinn zur Britannia-Hütte hatte sich als unbequem begehbare, dürftige Ski- und Trittspur erwiesen und längere Zeit in Anspruch genommen als geglaubt.

Wir haben später noch lange diskutiert, ob Rudi gesagt hatte: „Erst noch den ‚Kleinen Allalin', dann Tee", oder, „Wenn kleinen Allalin, dann keinen Tee!"

Jedenfalls bin ich innerlich richtig sauer und konstatiere an mir selbst, wir fördernd oder in diesem Falle hemmend die *innere* Einstellung zu solchen Unternehmungen ist. Ich finde es ungerecht: seit 10.30 Uhr unterwegs, 16 Uhr (zur Kaffeestunde!) an einer so hochgelegenen, weit und breit einzigen Hütte einfach vorbeizugehen! Alles bei Kälte und ziemlicher Anstrengung. Jetzt schlägt Rudi auch noch ein flottes Tempo an. Wütend stolpere ich hinterdrein. Die Skifahrer sind verschwunden. Die letzte (?) Gondel sehen wir herunterfahren, dann umhüllen uns Wolken. Schilder „Vorsicht Eissturzgefahr" machen die Stimmung nicht fröhlicher. Tröstend ist nur der Hammerschlag, der durch den Nebel dringt. Am Felskinn wird offensichtlich noch gebaut, die Arbeiter müssen schließlich auch noch hinunter nach Saas Fee. Wir müssen eine kalte dreiviertel Stunde bis zu deren Feierabend warten und wärmen uns ab und zu auf den geheizten Toiletten der Gondelstation (Außentemperatur unter Null, Höhe 2.991 Meter). Auch nutzten wir die Zeit zum Beschauen des etwa 200 Meter langen Tunnels, den man für die Skifahrer gebaut hat, damit sie über unpassierbare Gletscherspalten ins Skigebiet gelangen können. Helmut fasste blankes Entsetzen über dieses „Meisterstück des Teufels". Schließlich steigen wir mit in die Arbeitergondel. Und umsonst (10 Franken pro Person gespart) schweben wir bei dichtem Schneefall über endlose Schneefelder. Wo nur ist der Sommer? Erst unmittelbar vor Saas Fee wird es plötzlich grün. Schneefall wird Regen. Dies erfreut Helmut, denn nun endlich hat er Gelegenheit, seine neu erstandene, teure, federleichte „Kotze" (= Regencape) zu erproben. Es dauert erhebliche Zeit, bis alles in Ordnung ist. Rucksack *unter*, nicht über das Cape, Helmut! Rudi indes hatte sein altes, zusammengeknittertes, grünes Regencape mittels roter Klebestreifen zu kurz verkürzt. Es musste wieder verlängert werden. Bei meinem Regenschutz halten die Seitendruckknöpfe nicht. Gelb flackert es im Winde. Aber als der Regen nahezu aufhört, sind wir bereit und warm. Ungemein wohlgelaunt stapfen wir den Kapellenweg hinunter ins grüne Saas Grund. Am Abend gibt's endlich Raclette, schmeckt herrlich. Für „verweigerten" Tee spendiert mir Rudi den dazugehörigen Weißwein. Ende gut, alles gut!

27.6., Dienstag

Heute soll eine Art Ruhetag sein. Nach Autofahrt zum Mattmarksee wollten wir eine gemütliche Wanderung durch das Furggbachtal machen. So hatte es Chef Rudi verkündet, und Helmut kam „leichtgeschürzt" mit kurzen Socken daher. Der Stausee bildet das Ende des Saaser Vispatales, liegt 2.197 Meter hoch. Seine Staumauer besteht aus einer ungeheuergroßen Aufschüttung von Moränengestein, das man von einer Seitenmoräne des Allalingletschers verlagert hatte. Es schien uns so, als sei das ein Risiko, denn eingebaute Markierungen im Geröllwall zeigten uns ins Auge fallende Verschiebungen. Auch war der Stausee nur gering gefüllt. Nach eingehender Besichtigung und Blick zum wolkenverhangenen Kleinen Allalin, von dem wir gestern herabgeschaut hatten, fuhren wir die Serpentinenstraße wieder abwärts nach Saas Almagell und machten uns auf zur Fußwanderung in Furggbachtal.

Wie gestern war es auch heute wieder ein Weg vom Sommer in den Winter. Unseren Pfad an der Schattenseite des Tales mussten wir bald aufgeben, weil die Schneeflächen größer und steiler wurden und wir nur auf Sommer ausgerüstet waren. Zwar gab es herrliche Rutschbahnen, die wir zu Fuß oder zu Hintern, je nach Können, bewältigten. Aber schließlich wechselten wir durch kühne Sprünge über den Furggbach zum anderen Wanderweg hinüber, der noch schneefrei war. Das Furggbachtal mündet in 1.730 Meter Höhe ins Saaser Vispatal, steigt aber bis zum Antronapass (italienische Grenze) auf 2.838 Meter an; diese Höhe wird durch sanfte, stetige Steigung, verteilt auf etliche Kilometer, erreicht, und es war ungemein reizvoll, weiter und weiter zu laufen. Was ist es, das uns veranlasst, aus blumigen Wiesengründen immer weiter und höher zu steigen? Hinein in eine kahle Steinwelt, wo der Schnee die Landschaft beherrscht, in eine abweisend-verlockende, kalte und ungemütliche Welt? Neugierde? Fernsucht? Abenteuerlust? – Spuren gab's nicht mehr, dennoch wäre ich allzu gern weitergegangen und Rudi wohl auch, aber das konnten wir Helmut wirklich nicht antun, seinen nackten Beinen sah man die Kälte an. Schließlich erwies es sich als gut, dass wir gegen 15 Uhr umkehrten, denn wir kamen in Almagell gerade noch zurecht, um im Skiverleih für mich Schuhe und Skier auszuborgen. Rudi hatte natürlich seine Skier mitgebracht. Indem er ein entsprechendes Loch in die Zwischenwand seines Autos geschnitten hatte, ruhen die Bretter dort winters wie sommers, wie selbstverständlich. Meine Gefühle schwankten erheblich zwischen Lust und ein wenig Furcht. Wie steil wird die Skiabfahrt sein? Wird mein erst im März frisch erworbenes Können genügen?

Zum Abendbrot bestieg Rudi noch einen Berg, den „Mont Lusso", auf der Karte der Eisspezialitäten ein ansehnlicher Berg mit Schokoladenspitze, im Original allerdings war er ein winziger Abklatsch unserer Vorstellungen; da war Helmuts Käseberg schon zünftiger, vor dem er beinahe kapitulierte.

28.6., Mittwoch

Helmut darf ausschlafen. Wir zwei steigen 8.30 Uhr in Saas Fee aus dem Auto. Es gibt doch wohl in jedem Leben eindrucksvolle Momente, die man nie vergisst. Selten wiederholen sie sich, aber hier geschieht es: Wie oft hatte ich an unsere Ankunft in Saas Fee 1974 gedacht, als die weißen

Viertausender ringsum im Sonnenlicht strahlten, jetzt ist es genauso. Alle Gipfel sind frei, blauer Himmel, nur nicht so heiß wie damals. Heute schwebt die Gondel nach der Station Felskinn über gleißende Schneefelder mit elegant-bogigen Skispuren.

Felskinn kennen wir ja schon. Aber bei Sonne sieht alles anders aus. Nun erkennen wir auch, dass ein Eisklumpen von den Ausmaßen mindestens eines Hochhauses an einem Felsen oberhalb der Spur zur Britannia-Hütte klebt. Bereit, jeden Moment herunterzupoltern, zumal ein Spalt – einem Messerschnitt gleich – zu sehen ist. Deshalb also das Schild „Eissturzgefahr", das wir vorgestern passiert hatten. Das Übel, welches übrigens am nächsten Tag gesprengt werden soll, hatten uns gnädige Wolken verhüllt. Nun stapfen wir mit unseren schweren Skischuhen durch den „Teufelstunnel" und stehen dann im grellen Sonnenlicht.

Die Schneekatze hat eine Fahrbahn glatt gefahren, die müssen wir hinunter, um zum Lift zu gelangen. Nun los Inge, steil ist zwar die erste Abfahrt nach der wochenlangen Pause, aber du musst ja. Es geht und ist herrlich! Was soll ich weiterschreiben? Ich halte es für völlig nutzlos, jemandem, der es nicht selbst erlebt hat, beschreiben zu wollen, welches Lebensgefühl den erfasst, der – seinen Körper Gewandtheit und Können abfordernd – hinab gleitet, Bogen für Bogen, mit oder ohne Hinfallen. Ganz gleich und völlig egal, wenn – wie bei mir – die Hosennaht platzt und von vorn bis hinten die Unterwäsche freilegt. Was tut's? Ich habe einen phantastischen Privatskilehrer, der es endlich fertig bringt, mir die falsche Schulterhaltung aus der lange vergangenen Kinderskizeit im Erzgebirge abzugewöhnen (wenigstens fast). Der Skilehrer in Mittelberg hatte immer nur gebrüllt: „Schulter!" Das brachte keine Änderung-

Wir genießen es von 10 bis 14.30 Uhr, zwischendurch gab es Keks, belegt mit frischem Schnee, sehr zu empfehlen. Plötzlich bin ich sehr müde, lasse Rudi allein die steilen Hänge fahren und beschaue mir, mit Genuss in der Sonne sitzend, die gigantische Bergwelt: dort die Michabelhütte, zu der wir 1974 hinaufkeuchten, das geliebte Nadelhorn, der breite Alphubel und jenseits des Tales die angestrebte Weißmies.

Noch eine letzte Skifahrt zur Mittelstation der Gondelbahn. Als wir über Saas Fee einschweben, sehe ich eine bekannte Gestalt sich gerade entfernen: Helmut. Die weiße Rolle, die er in der Hand hat, ist sicher die große Panorama Fotografie, die wir kaufen wollten.

Nun gibt es fröhliches Berichten, während wir nach Saas Fee laufen. Auch Helmut hatte mit der Fahrt zum Plattjen und anschließendem Höhenweg einen erlebnisvollen Tag. Die Sonne hat Saas Fee verändert: Urlauber beleben die Straßen, sitzen auf Terreassen. Ja, so muss Sommer sein. Wir zwei Skifahrer haben unbändigen Durst, und trotz zerplatzter Hose kehren wir ein. Das ist eine köstliche halbe Stunde, in der wir wohlig müde auf einer blumengeschmückten Caféterrasse sitzen und wir, wie in einem Amphitheater, in die Bergwelt der Viertausender um und über uns schauen. Und da trinke ich das erste volle Glas Bier meines Lebens aus, welches meine Müdigkeit so verstärkt, dass ich „zuhause" in mein Bett sinke und felsenfest schlafe. Aber als die beiden mich zum Abendbrot wecken wollten, hatte ich meine Hose schon geflickt. Sie wird ja wieder gebraucht.

29.6., Donnerstag

Seit Tagen hatten wir intensiv den Schweizer Wetterbericht gehört. Stets hieß es: „Im Süden sonnig." Deshalb hatten wir einen Abstecher ins Aostatal mit Besteigung des Gran Paradiso (4.061 Meter) in Erwägung gezogen. Nach der gestrigen besseren Wetterlage war aber die Entscheidung so getroffen: heute Aufstieg zur Weißmieshütte (2.726 Meter), morgen auf die Weißmies.

Das Wetter ist gut, wir schlafen aus und machen uns 10.30 Uhr auf den Weg. Dieser führt zunächst durch schönen Mischwald, und da gibt es interessante Dinge, nicht nur Enzian für Inge, sondern auch „Teufelszeug" steht mitten im Walde: ein Motor mit einer Seilwinde, der unbedingt angeworfen werden muss. Helmut und ich halten uns in respektvoller Entfernung, aber Rudi weiß, was zu tun ist: Abkupplung des Seiles, Finden des Bezinhahnes, Betätigung der Startanreicherungsmechanik und des Startergurtes (hab ich mir's auch richtig gemerkt?) und schon bubbert das Ding im Walde vor sich hin. Unser Techniker strahlt und kann es sogar wieder abschalten.

Wenig höher treffen wir auf die dazu gehörenden Waldarbeiter, die gerade Mittagpause halten. Haben sie etwas gehört? Böses Gewissen regt sich, aber anscheinend hat das Waldesrauschen den Motorlärm verschluckt.

Ungefähr auf der Triftalp (ein paar Hütten, eine Kapelle, ein Brunnen) ist die Baumgrenze erreicht, dafür ist der Blick frei auf drei weiße Gipfel: links das Fletschhorn, dem vier Meter zum Viertausender fehlen, in der Mitte das Laggin- oder das Laquinhorn (4.010 Meter), rechts die Weißmies.

Wir bummeln in Geruhsamkeit höher und höher und sind gegen 16 Uhr auf der Hütte. Hier gibt es eine bedenkliche Enttäuschung: Wir sind die einzigen Gäste, keine Bergsteigergruppen, die vor uns den Weg gespurt haben könnten oder mit uns den Berg angehen würden. Die Hüttenwirtsleute sind auch erst vorgestern hochgekommen. Die Wirtin steigt noch durch ein Fenster des kleinen Nebenraumes, weil die Schneeberge vor der Eingangstür noch nicht weggeschaufelt sind. Es ist kalt und karg in der Hütte, die Aussicht jedoch ist herrlich. Auf eine Wolldecke zusammengedrängt sitzen wir im Spätnachmittagssonnenschein auf der Steinbank und genießen ein „Striptease der Gipfel" gegenüber. Nacheinander kommen die Allerhöchsten für kurze Zeit aus ihren Wolkengewändern. Dort Helmuts „primitiver Allalin" (dies aus Rudis Mund), da Rudis „läppischer Alphubel" (aus Helmuts Sprachschatz) und „unser" über jegliche Degradierung erhabenes Nadelhorn. Über die Domspitze kann man direkt erschrecken, wie sie plötzlich unwahrscheinlich hoch durch ein Wolkenfenster schaut. Der zunächst recht wortkarge Hüttenwirt gibt uns Auskünfte über die Verhältnisse. Der Weg zur Weißmies sei noch zu stark lawinengefährdet. Er schlägt uns vor, stattdessen aufs Lagginhorn zu steigen. Dieser Gedanke ist uns vollkommen neu, und zum ersten Male in allen Tagen schauen wir uns diesen Berg mit Bewusstsein an.

Breit und weiß liegt er vor blauem Himmel, ist ein Viertausender und macht keinen schwierigen Eindruck. Warum eigentlich nicht? Wir betrachten ihn durch's Fernglas: den Gletscher können wir meiden, den langen Rücken entlang laufen, dort ist ein Zickzackgrat, müsste auch zu machen sein, dann ein etwas schmalerer, weißer Streifen zum Gipfel. Ganz einfach, wird gemacht!

Obwohl wir kurz zuvor im Schlafraum mit großer Mühe die Haltegurte entfitzt und ausprobiert, Bullin-Knoten und Prussik-Schlingen geübt hatten, könnten wir nun auf das ganze „Gletscherspaltenzeug" verzichten. Wir essen unsere Suppe mit Würstchen und legen uns mitsamt allen Sachen ins raue Nachtlager des Männerschlafraumes. Deckten gibt's genug, Schlaftabletten sorgen für allgemeine Nachtruhe ab 20.30 Uhr.

30.6., Freitag
3.30 Uhr weckt uns der Hirtenwirt, fröstelnd kriechen wir aus den Decken und packen beim Schein der Taschenlampe unsere Sachen. Was wir zum Aufstieg nicht benötigen, verstauen wir in nummerierten Körbchen, die dafür vorgesehen sind und an den Wänden des Aufenthaltsraumes ihren Platz haben. Die Morgenwäsche, auf ein Minimum beschränkt, findet am Eisenrohre statt, das im Gletscherbach gleich neben der Hütte angebracht ist. Welch gigantisches Badezimmer. *Alle* Gipfel liegen frei im wolkenlosen, fahlblauen Himmel. Im Tal ist's noch ganz düster, oben ahnt man kommendes Licht. Schon solche Minuten entschädigen für alle Anstrengungen. Man fühlt sich menschlichen Unzulänglichkeiten entrückt, dem Himmel näher, wenn auch nur allzu kurz. Es bleibt keine Zeit für langes Verweilen; von innerer Unruhe getrieben, weil meine Toilette eine Winzigkeit länger dauerte als die der anderen, eile ich zum Frühstück unter grünlichem Gaslicht. Der heiße Tee tut gut, man trinkt ihn hier aus großen, henkellosen Schüsseln, kann die Ellenbogen dabei auf den Holztisch stützen und hat das Getränk so gleich vor dem Mund. – Jetzt aber lässt es sich nicht umgehen, die sanitären Einrichtungen zu beschreiben, weil sie mir an diesem wichtigen Morgen einen bösen Streich spielen: Es gibt zwei Holzbuden mit Holzsitz und rundem Loch, alles schneebedeckt. Rudi hat zwar mit dem Schnee die Sitze etwas gesäubert, aber die Seiten und Ecken

der Holzsitze sind noch voll hartem Schnees. Meine auf ein Plastikbeutelchen mit durchgezogener Schnur reduzierte Kulturtasche halte ich, um Zeit und Wege zu sparen, auf beschriebenem Örtchen mit den Zähnen fest. Aber irgendwie komme ich nicht zurecht und lege den Beutel in die Schneedecke, das heißt, ich will ihn legen, da ist er bereits verschwunden, die kleine schräge Schneefläche entlang ins Loch gerutscht! Nun, so schnell will ich meine gesamte „Kultur" nicht aufgeben, schaue mir die Häuschen von außen an. Da sieht man allerlei Abfälle verschiedener Genese auf dem Schnee liegen. Wäre der Beutel durchgerutscht, hätte ich ihn hier finden müssen. Ich eile zu Rudi, um die Taschenlampe zu holen. Der weiß nicht, ob er lachen soll, entscheidet sich für ein prägnantes, passendes Wort und gibt mir den guten Rat: „Nimm den Eispickel!" Richtig! Als ich diesen geschenkt bekam (von wem schon?), hatte Waldemar „Pack mr'sch!" in den Holzstiel geritzt, das war all die Jahre unser Aufbruchswort gewesen. Und so wird der Pickel im wahrsten Sinne seiner Aufschrift benutzt. Ich packe das Schnürlein des Beutels und trage das Ding, weit von mir weghaltend, unter das Wasserrohr, um den Inhalt ausschütten zu können. Da kommt schon mein Brüderchen mit meinem Korb gelaufen, ich stülpe den Beutel um, der Inhalt fällt ins Körbchen, der Beutel in den Müll. Nach dem Kamm noch zu greifen, wage ich nicht mehr. So viel Zeit verplempert! Der Schnee wird zu weich werden, der Gipfel ist noch weit.

4.25 Uhr starten wir. Zunächst führt ein Pfad über die langen Gletschermoränen, aber bald haben wir nur noch Schnee unter den Füßen. Dieser ist erstaunlich hart, die Steigeisen greifen gut und geben festen Halt. Das ist aber auch nötig, denn die Schneewände sind viel steiler als wir dachten. Im Fernglas sah alles so bequem aus. Aber wir kommen gut vorwärts. Nach unten wird nicht geschaut! Ich stelle mich jetzt auf „Maschine" um: linken Fuß fest eindrücken, rechten Fuß ebenso, Eispickel tief in den Schnee stecken, probieren, ob er Halt gibt, nächste Schritte. Aber jetzt müssen wir unter uns schauen: die ganze Michabelgruppe wird von den ersten Sonnenstrahlen getroffen, alle Gipfel leuchten rötlich-gelb vor dem zartblauen Himmel, ein erhabenes Bild!

Saas Fee, die Hütte und auch wir sind noch im kalten Schatten. Es ist nahezu gänzlich windstill, so dass wir weder schwitzen noch frieren. Nur die Füße sind wie abgestorben. Die Zehen werden durch die Riemen der Steigeisen abgeschnürt, und die Füße werden nur glatt auf den Schnee gesetzt, in sich kaum bewegt. Bei jeder Verschnaufpause rühre ich meine Zehen, um sie wieder zu durchbluten.

8.10 Uhr blitzt plötzlich die Sonne über das Lagginhorn hinweg und bringt den Schnee zum Glitzern. Fast ist es eine Eisfläche; unter unseren Tritten rieseln Eiskörner in die Tiefe. Den breiten Grat mit den Felsbrocken haben wir nun fast hinter uns, er wird jetzt immer schmaler. Was jetzt vor uns liegt, ist ein Grat, der so schmal und spitz ist, dass ich zaghaft frage, ob ich nicht im Reitersitz da drüber könne. „Wie willst du da vorwärts kommen?", fragt Rudi und setzt kaltblütig Schritt für Schritt seine Spur in das allzu enge Schneeband über dem Grat. Die Augen nur auf den Tritt gerichtet, gehe ich ihm langsam nach. Nur nicht rechts, nicht links in die Tiefe schauen! Ich sehe mich auch nicht um, um zuzuschauen, wie es Helmut schafft. Dann haben wir den Anschluss an die breitere Partie, die direkt zum Gipfel führt, gewonnen. Ab jetzt ist alles wunderschön überschaubar, nur viel, viel steiler als gedacht. Rudi spurt im Zickzack und schlägt mit dem Fuß kleine Stufen, gleich mit für den Abstieg gedacht. Das strengt an, auch nähern wir uns der 4.000 Meter-Grenze, die Luft ist dünner. Helmut löst Rudi im Spuren ab, und mit bester Kondition ist er 10.10 Uhr als erster am Gipfel.

„Geh nicht zu weit", hatte Rudi gemahnt. Und tatsächlich kann man am oberen Rand nicht unterscheiden, was ist Fels, was Schneewächte.

Die Spannung auf die Aussicht jenseits des Gipfels ist wie immer groß, aber wir sehen … ein weißes Wolkenmeer unter uns, nur ganz wenig Gipfel ragen ein bisschen heraus, aber im Nordosten sind deutlich der Aletschgletscher und die Riederalp (Unternehmung 1976) zu erkennen. Wir oben haben noch Sonne, aber aus dem Vispatal wallen Nebel herauf. Das leichte Morgenrot heute früh hatte die Wetteränderung angekündigt. Eng ist der Gipfel, mit einer fragwürdigen Eishaube bedeckt, so dass wir zum Gipfelkreuz nicht vordingen können, sondern auf engstem Raum uns an ein paar Steine klammern, ein bisschen Schokolade essen.

Ein herrliches Gefühl, oben zu sein, aber diesmal schleicht eine gewisse Bangigkeit zwischen das Glücksgefühl, denn wir müssen ja all die steilen Stellen wieder runter und auch wieder über den spitzen Grat! 10.45 Uhr sagt Helmut: „Tschüss, Lagginhorn, mich siehst du nicht wieder", und spricht mir aus dem Herzen.

Für den Abstieg seilen wir uns jetzt (!!) an, das gibt noch mehr Sicherheit. Das Abwärts in dem glatten Schnee stelle ich mir schwieriger vor als den Aufstieg, aber nach den ersten 100 Metern werde ich innerlich froh: Es geht besser als ich dachte. Der Schnee ist inzwischen weich geworden, man fasst ihn immer besser, auch wenn man bisweilen das Gefühl hat, dass alles unter einem wegrutscht. Hin und wieder gleitet einer von uns ein wenig, aber das Seil gibt Halt. Wenn erst der Grat hinter uns liegt, ist alles geschafft. Der Schnee ist dort gefährlich weich. Aber alles geht gut. Jetzt habe ich das stolze Gefühl, das Lagginhorn bezwungen zu haben. Beschwingt setzen wir den Abstieg fort.

Die Sonne ist verschwunden, wir tauchen in die Nebel ein und sinken oft knietief in den Schnee.

Das ist anstrengend. Helmut kann einmal sein Bein nicht wieder herausziehen, findet keinen Halt zum Abstützen. Rudi kehrt um, kauert sich vor Helmut und gibt ihm so einen Stützpunkt. Später passiert es mir: Das linke Bein sitzt fest, knietief fest, ich kann es einfach nicht herausholen. Eine Art Panik ergreift mich, komme mir ganz schwach, müde, hysterisch vor. Na endlich kommen sie zurück und buddeln mich wieder aus. Ich hatte das Gefühl, da unten festgefroren zu sein. Der Rückweg kommt uns ewig lang vor, aber mit Freuden fühlen wir den ersten festen Boden wieder unter den Füßen, nachdem wir es am unteren Stück vorzogen, ohne Steigeisen über Felsgeröll zu gehen, statt bei jedem Schritt tief einzusinken.

Meine Füße sind vollkommen nass vom weichen Schnee, und wir beschließen, ohne längeren Hüttenaufenthalt noch hinunter nach Saas Grund zu laufen. 14.50 Uhr sind wir wieder in der Hütte. Zehneinhalb Stunden unterwegs und nun noch ein Abstieg von zirka 1.116 Metern!

Der Tee aus den Schüsseln ist ein Labsal, jeder trinkt eine große Kanne voll. Meine pitschnassen Strümpfe ersetze ich durch Fußlappen (eigentlich Dreieckstücher für erste Hilfe), und 16 Uhr verlassen wir die Weißmieshütte mit dem nun wolkenverhangenen Lagginhorn darüber. Ich komme mir wie neugeboren vor und halte ein stilles, tiefes Dankgebet für den Schöpfer und Bewahrer über uns.

Eis und Schnee und der Gefahr entronnen, freue ich mich über das weiche Gras unter den Füßen, begrüße die ersten Blümelein am Wege, lausche beglückt dem Kuckuck, der in etwa 2.000 Metern Höhe ruft, schiebe ein bisschen schlechtes Gewissen beiseite und bin unendlich froh über die grüne, belebte Welt!

Zwei Murmeltierkinder spielen auf einem Felsen. Die Mutter pfeift ununterbrochen, um sie zu sich in Sicherheit zu locken, aber sie sind unartig, stutzen nur und tummeln sich dann weiter. Hier ist wieder die Triftalp, dort der Motor im Walde, Saas Grund in der Tiefe. Gegen 19 Uhr schleichen wir müde und mit erheblichem Muskelkater (ich jedenfalls) ins Haus Elite.

Wir haben unseren Viertausender!

Ich habe darüber nachgedacht, wie viele verschiedene Dinge Voraussetzung für das Gelingen einer Viertausenderbergbesteigung sind, von denen nicht eine fehlen darf:

Gesundheit
Kraft bzw. Körperbeherrschung
Ausdauer
unbedingte Trittsicherheit
Schwindelfreiheit
Begeisterung
Mut
Kameraden ähnlich gearteter Leistungsfähigkeit
günstige Wetterlage
entsprechende Ausrüstung
und – lächle wer mag – Gottes Hilfe

obwohl:

    Der Mensch versuche die Götter nicht!

1. Juli, Samstag
Wir hatten tatsächlich den bestmöglichen, letzten Termin für das Lagginhorn herausgefunden. Heute schon regnet es fast die ganze Zeit. Helmut zieht es nach Hause. Nach dem Frühstück verlässt er uns mit dem Wahlspruch: *1979 Gran Paradiso.*

Rudi und ich fahren noch einmal nach Saas Fee. Nachdem wir heute früh gemeinsam in die 360 Grad-Panoramafotografie (Rundblick vom Egginerhorn mit all unseren Wandergebieten) geschaut hatten, hielten wir es für nahezu ausgeschlossen, das Leben ohne solches Foto weiterfristen zu wollen. Als Grund zum Schenken bietet sich für Rudi mein bevorstehender Geburtstag an, und deshalb die Fahrt nach Saas Fee. Den Wagen lassen wir, um Parkgebühren zu sparen, vor der Ortseinangsschranke stehen und bummeln *soooo* geruhsam durch den Ort, dass wir zehn Minuten nach Schließung des Verkehrsbüros (12 Uhr) dort ankommen. Aber so schnell gebe ich nicht auf, treffe durch die Hintertür auf eine Putzfrau, die mir tatsächlich die ersehnte weiße Rolle mit dem Panorama aushändigen kann. Während wir den Ort verlassen, schlendern wir an der Felswand entlang, die noch die Bohrlöcher, lang und halbrund, aufweist, die man zur Sprengung zwecks Straßenverbreiterung brauchte. Rudis Technikersinn erfasste sofort, dass Bohrloch und die weiße Rolle denselben Durchmesser haben. Und wie er's ausprobiert, klebt doch tatsächlich meine schöne Rolle mitten in der Felswand. Das aber war nur die technische Betrachtungsweise des Felsens. Vielmehr faszinierte selbst Rudi die Vielzahl der Pflanzenarten, die – als Samen von weit unten über die Straße geweht – in dem Winkel Straße/Felswand liegengeblieben waren und gekeimt hatten. Fast ohne Raum, auf ein bisschen Straßenstaub angewiesen, aber mit ewiger Felsspaltenfeuchtigkeit gut versorgt, hatten sie sich prächtig entwickelt und stellten ein köstliches botanisches Durcheinander dar.

Unser letzter Programmpunkt waren noch ein paar Fotos im alten, romantischen Ortsteil „Unter dem Berg" in Saas Grund. Dann adé Vispatal, adé schönes Schweizerland!

Wie allgemein festgestellt worden war, war ich auf dieser Reise das Pechvögelchen. Hier eine Liste meiner kleinen Missgeschicke:

1. Ich verlor beim Wandern den Schrankschlüssel meines Zimmers.
   (3 Fränkli Ersatz)
2. Der Fels ritzte mir das Bein auf.
3. „Man" verlor aus dem gemeinsamen Rucksack meinen Handschuh.
4. „Man" zertrat meine Sonnenbrille, so dass ich das Lagginhorn mit pflasterverklebter Brille bestieg.
5. Mein Kulturbeutel rutschte ins Klackerklo.
6. Meine Hose platzte mir von vorn bis hinten auf.

Das war's.

Bolivien – Paradies oder Jammertal?

Bericht über eine Reise im März 1983

Zwischen den beiden Cordilleren- oder Andenketten, die sich mir ihren Sechstausender an der Westseite Südamerikas entlangziehen, liegt eine weite Hochfläche von 3.000 bis 4.000 Meter Höhe, das Altiplano.

Der Flughafen von La Paz, der Hauptstadt Boliviens, liegt auf diesem Altiplano und ist mit 4.000 Meter Höhenlage der höchstgelegene Flugplatz der Welt. Fährt man von dort zur Stadt, so öffnet sich sozusagen plötzlich ein Trichter riesigen Ausmaßes, und dieser ist ausgefüllt mit Häusern, die wie kleine backsteinrote oder blau- und türkisfarbene Punkte aussehen und herrlich überschaubar sind. Am Grunde des Trichters erheben sich Hochhäuser. Gegen die Ränder zu werden die Häuser kleiner und ärmlicher. Die obersten kleben am steilen Berghang. Dazwischen schieben sich Reste des ursprünglichen Erdbodens, einer mit vielen kleinen Steinen durchsetzten, harten Lehmmasse, vom Regen zerfurcht, von der Trockenheit fest zusammengebacken. Es gibt Straßen, denen man ansieht, dass sie einst vom Wasser gebildet wurden. Bisweilen haben sie schroffe Naturlehmwände, auf die die Hütten gebaut sind. Andere Straßen werden zu reißenden Bächen, wenn es stark regnet. Von allen Seiten stürzt das Wasser in die Mitte des großen Trichters, wo der Fluss dann eine grau-braune, rasende Wassermasse ins hinausführende Tal bringt. Eine rötliche Gebirgslandschaft umschließt das Tal. Über all dem erhebt sich der Illimani, eine Berggruppe von 6.447 Meter Höhe mit ewigem Schnee und Eis, die sich majestätisch gegen das Himmelsblau erhebt.

Diese geografische Lage führt dazu, dass man in La Paz meist steigen muss: rauf, runter, wieder rauf! Andererseits fällt die Orientierung leichter als in einer Flachstadt. Die vornehmen Viertel befinden sich im Tal und winden sich dem Fluss entlang mit Bäumen, Gärten, Parks. In der Mitte liegen die Geschäfts-, Verwaltungs- und Regierungsgebäude, viele schöne Kirchen und Plätze, aber alles ist ziemlich abgenutzt und renovierungsbedürftig. Um dieses Zentrum lagert sich der breite Streifen von Armenvierteln mit einer Unmenge kleiner Häuser, belebter Sträßchen, winkliger

Gassen. Diese sind im besten Falle mit behauenen Pflastersteinen, meist nur mit runden Natursteinen gepflastert, so dass das Laufen Mühe macht. Geschäftsstraßen in unserem Sinne gibt es nur wenige, Schaufenster sind selten. Sobald man aber das Zentrum verlassen hat, werden alle Straßen zu Handelsplätzen. In endlosen Reihen sitzen die Frauen am Straßenrand. Zum Teil haben sie niedrige Holzbänke oder –tische, auf denen die Waren liegen. Aber die meisten Frauen sitzen auf der Erde, vor ihnen auf Decken, Plastikplanen oder im Gras liegen Gemüse, Obst, Käse, Kartoffeln, Fleisch, Backwaren, Mais, Mehl, Nudeln, Kräuter, Seifen, Textilien, Schuhe – alles für den täglichen Bedarf. Zweimal in der Woche gibt es Markttage mit dichtgedrängten Buden und Büdchen voller Waren aller Art, aber es gibt nur wenige Käufer! Mit Ausnahme der Landprodukte werden all die Dinge nicht in Bolivien produziert, sondern eingeführt, sind somit eine starke Belastung für die Handelsbilanz Boliviens. Da aber die Bevölkerung in der Stadt sonst kaum Verdienstmöglichkeiten hat, versucht es jeder mit Handel. Der geringe Umsatz wird nur durch immense Geduld und größten Zeitaufwand erreicht. Die Frauen sitzen von früh bis spät, noch um 22 Uhr kann man alles kaufen: Essen und Trinken. Die Kinder sind bei ihnen, helfen oder liegen neben ihnen in einer Kiste oder in Decken gewickelt an der Erde. Zwischendurch werden sie gestillt, wobei die Mutter weiterhantiert. Fast alle Waren sind amerikanischer oder europäischer Herkunft wie Nylonstoffe, Camay-Seife, Colgate-Zahnpasta, Zigaretten, Kaugummi, Unmengen von Süßigkeiten – alles Dinge, die die meisten gar nicht erstehen können, die ihnen auch wesensfremd sind, aber einen Konsumanreiz bilden, der verführerisch und unzweckmäßig ist. Nützlich dürfte dies nur den Lieferländern sein. Das Schlimmste an diesem Straßenhandel ist die totale Unhygiene. An den Esswaren am staubigen Fußboden laufen unzählige Füße vorbei, aber nie tritt einer auf ein Stück Ware, was mich stets wieder wunderte. Hunde streunen in Mengen umher, schnappen sich auch mal ein Stückchen Fleisch, heben auch mal ein Bein. Am Unappetitlichsten ist das angebotene Fleisch, das teilweise übel riecht und minderwertig ist, wie Därme, Häute, Magenwände, Schafffüße und sonst Undefinierbares, was bei uns im Abfall verschwinden würde. Die Ärmsten der Armen essen dies aber noch. Auch beobachtete ich bei den Frauen eine gewisse Lust am

Umschichten und Umbauen ihrer Waren. Die bloßen Schafskäse werden immer wieder anders aufgestapelt, die Weintrauben zu Häufchen geordnet.

Ganz schlimm ist auch der große Abfallhaufen, der täglich an der Mündung unserer Straße zusammengetragen wird. Schon vom Geruch wurde mir übel, schlimmer noch, dass Menschen und Hunde gemeinsam nach Resten darinnen wühlen. Einmal habe ich einen Blick riskiert auf das, was ein armer Mann aus dem Haufen gewonnen hatte und in seinem Sacktuch zusammenschnürte: Es waren kleine Fetzen Schmutzpapier, vielleicht reichte es zum Erwärmen eines Getränkes. In La Paz gibt es nur an den besseren Plätzen Papierkörbe. Auch öffentliche Toiletten konnte ich nicht entdecken. Vieles passiert da auf der Straße. Aber wie gesagt, nicht im Zentrum ist das so, sondern in den ausgedehnten Armenvierteln, in denen auch ich ein paar Tage bei einer bekannten bolivianischen Familie zubrachte. Dennoch möchte ich diese Wohnviertel nicht als Slums bezeichnen, wie man sie in anderen Riesenstädten findet.

Sehr gut funktionieren in La Paz die öffentlichen Verkehrsmittel. „Micros", das sind kleine Busse, gekennzeichnet mit großen Buchstaben ihrer Linie, fahren unentwegt umher. Will man mitfahren, kann man überall und jederzeit winken, die Fahrer halten an. Länger als fünf Minuten brauchte ich nie zu warten. Oft sind die Micros überfüllt, aber mit großer Geduld wird alles ertragen. Man drängt sich hinein und hindurch. Auch die Frauen mit riesigen Waren- oder Babybündeln auf dem Rücken werden eingelassen und zwängen sich wieder hinaus. Nie habe ich Schimpfen gehört. Männer mit Gesichtern, vor denen man hätte Furcht haben können standen auf und boten mir ihren Platz an. Die Preise sind einheitlich. Für 13 Pesos (dafür bekommt man ungefähr drei Brötchen) kann man jede Strecke fahren. Unsere Städte mit ihren Verkehrsproblemen hätten hier ein Musterbeispiel für bestausgenutzte Energie, geringe Umweltbelastung und soziale Personenbeförderung, natürlich auf Kosten der Bequemlichkeit. Auch will ich nicht verschweigen, dass die Microfahrer des Öfteren streiken, um höhere Fahrpreise bzw. Löhne zu fordern.

Das Straßenbild ist reizvoll durch Frauen, die meist noch ihre traditionelle Tracht tragen: weite Röcke aus bisweilen kostbaren Sammet- oder Seidenstoffen, buntgewebte Schultertücher, runde Filzhüe. Ihr dunkelglänzendes, glattes Haar ist zu zwei Zöpfen geflochten, in deren Ende ein schwarzes Wollgebilde eingeflochten wird, das die Zöpfe zusammenhält. Die Frauen tragen keine Strümpfe, was ich erst relativ spät bemerkte, da ihre Beine von Natur aus braun wie unsere Strümpfe sind. Ihre Schuhe sind flach und buntverziert, sehr klein, ungefähr Größe 35. Nahezu alle Frauen sind hübsch, haben ebenmäßige Gesichtszüge, aber das Schönste sind die Babys. Diese werden sehr geschickt ins große Tuch eingeschlagen und stets auf dem Rücken getragen. Von da aus betrachten sie die Welt mit ihren großen, dunklen Augen, das braune Gesicht umrahmt vom schwarzen Haar. Sie sind äußerst geduldig. Im engen Micro oder bei der Arbeit werden sie oft gedrückt, kommen von dieser in jene Lage, aber offensichtlich macht ihnen das nichts aus. Umgeben von mütterlicher Wärme fühlen sie sich wohl und geborgen. Zur Messe am Gründonnerstag waren zahlreiche Babys und Kleinkinder mit in der Kirche, aber nicht eines weinte oder schrie! Leider gibt es mehr und mehr Bolivianerinnen, die ihre Tracht ablegen. Die Zöpfe werden dann zu „Pferdeschwänzen", der Rock wird durch Hosen ersetzt, zuletzt auch das schöne Tuch abgelegt.

Zum Straßenbild gehören auch die Schuhputzjungen. Es fiel mir anfangs schwer, mir von kleinen Buben, die man hätte ein bisschen liebhaben und verwöhnen mögen, die Schuhe putzen zu lassen. Aber sie sind von solchem Eifer, dass man keine Ruhe bekommt, wenn nicht die Schuhe den nötigen Glanz aufweisen. Die kleinen, cremeverschmierten Hände sind so flink und fleißig, die Jungen freundlich und geschäftstüchtig, dass man ihnen nichts Besseres antun kann, als eben sich die Schuhe putzen zu lassen. Weit bedrückender ist der Anblick der Bettler, die nicht allzu zahlreich zu finden, aber deren Aussehen und Zustand erbarmungswürdig sind.

Ich war am Gründonnerstag 1983, nach 20-stündigem Flug, um 3.45 Uhr in La Paz angekommen. Mein Sohn Eckart, den ich besuchen wollte, stand mit anderen Erwartungsvollen hinter der großen Glasscheibe. Die Wiedersehensfreude war groß, aber es gab sofort Schwierigkeiten: Auf dem Förderband erschien mein Koffer, nicht aber mein Rucksack! Ja, was hieß nun „Rucksack" auf Spanisch? Das hatte ich nicht gelernt. Schließlich durfte Eckart mir zu Hilfe kommen. Fortan musste er mit seinem Spanisch alle Schwierigkeiten lösen. Ich selbst stand oft hilflos daneben, wenn er verhandelte. Das war für mich eine Neuerscheinung im Leben: Der Sohn erwachsen und mit Kenntnissen besser ausgestattet als ich. Wie bereits in La Paz gemeldet, hatte man irrtümlich in St. Juan (auf der Insel Puerto Rico) bei der Zwischenlandung meinen Rucksack ausgeladen. Er sollte zwar mit dem nächsten Flugzeug nachkommen, aber die Lufthansa-Angestellten hatten bis Ostermontag frei, so dass ich ihn vorher nicht ausgeliefert bekommen konnte. Dadurch mussten wir länger in La Paz bleiben.

„Lass uns zwei Stunden warten", meinte Eckart, „dann fahren wir bei Sonnenaufgang in die Stadt hinunter." Mir war alles recht, vor Müdigkeit war ich ganz aufgekratzt. Es gab soviel zu erzählen, und im Kopf dröhnte und brummte es noch immer. Als die Sonne hätte kommen sollen, regnete es. So fand die Fahrt in die Stadt ohne das erwartete Naturschauspiel statt. Als wir die zwei oder drei Treppen des kleinen Hotels hochstiegen, dachte ich, meine Beine seien aus Blei, ja, die ungewohnte Höhe! Auch noch an den nächsten zwei Tagen fielen Gehen und Steigen schwer; ich nahm dreimal Höhentabletten zur Erweiterung der Lungenbläschen, dann war das völlig überwunden.

Als wir das Hotelzimmer betraten, freute sich Eckart, dass das Zimmer so schön sei. Ich dachte: Er scherzte! Zugegeben, die Betten waren sauber überzogen, aber sonst – eine nackte Glühbirne an der Decke, ein Schrank, der aussah, als hätte ihn ein Tischlerlehrling am ersten Tag seiner Ausbildung zusammengebastelt, ein winziger, wackliger Tisch, eine Holzstange von Wand zu Wand mit drei Kleiderbügeln und ein Nachttisch – das war alles. Das Fenster war schwierig zu öffnen und zu schließen, aber eine herrliche Sonne schien ins Zimmer. Der Blick vom Mansardendach über andere Dächer hinüber zur Kuppel der Kathedrale war interessant. Damals wusste ich noch nicht, dass dies das letzte richtige Bett war. Später schlief ich nur noch auf der Erde oder auf den einfachen Bettgestellen der Indiohütten oder auf Bänken irgendwo. Dann auch verstand ich Eckarts Begeisterung über das „schöne Zimmer".

Wir besichtigten am Nachmittag einige Kirchen, vor allem die von San Franzisco. Da wir uns in der „Santa semana", der Karwoche, befanden, waren die Kirchen festlich geschmückt. In allen Kirchen weisen die Seitenaltäre und der Hauptaltar am rechteckigen Chorabschluss je sechs Nischen auf, in denen Figuren stehen. Umrahmt von vergoldeten Schnitzereien erstrahlten die Figuren in prächtigen Gewändern, mit Blumen geschmückt. Eine Marienstatue war soar mit einer rot-gelb-grünen Schärpe geschmückt, das heißt mit den bolivianischen Landesfarben. Wenn man bedenkt, wie arm die Masse dieses Volkes ist, dann mag man erfassen, wie weit diese Pracht von ihrem kümmerlichen Dasein entfernt ist, eine andere Welt, vielleicht ein Stückchen vom Himmelreich, das man erstrebt.

Am Abend besuchten wir ein Konzert in der Kirche San Franzisco. Ein gemischter a-capella-Chor in festlichen, langen Gewändern sang unter anderem Werke von Palestrina, sehr gut, wie ich meine. Während des Gesanges wurde der Altar, der mit seinen Goldverzierungen die gesamte Chorwand ausfüllt, nach und nach beleuchtet. Ein Effekt, der mehr an ein Theater erinnerte, aber natürlich seine Prachtwirkung nicht verfehlte. Im zweiten Teil des Konzertes traten Instrumentalisten auf. Unsere Herzen schlugen höher: Kena und Charango, Indiomusik, wohlbekannte Rhythmen und Klänge. Als wir die Kirche verließen, bot sich uns ein schönes Bild: Durch die drei weit geöffneten Kirchenpforten drangen Licht und Farben des Inneren weit nach draußen auf den Platz San Franzisco, wo noch reges Leben herrschte, vor allen bei denen, die noch immer ihre Esswaren feilboten und uns aus der feierlichen Stimmung zurück in die raue, arme Wirklichkeit holten.

Schwierig wurde es am Karfreitag: Alle Restaurants, all die kleinen Frühstücksnischen in unserer Nähe waren geschlossen. Schließlich trieben uns Hunger und Durst in eine Art Volksküche, wo in einer Reihe von Kochecken Essen zubereitet wurde. Die Ärmlichkeit und Unsauberkeit waren erschreckend. Hier holen sich die meisten Leute, die den ganzen Tag ihre Waren anbieten, mittags einen Teller Essen. Wir tranken schwarzen, süßen

Kaffee mit trockenem Brot, das heißt, eine Art dunkles Brötchen. Das ist das allgemein übliche Frühstück. In allen Straßen sitzen Frauen vor kleinen Tischen, auf denen Emaillebecher stehen. Flüssiger Kaffeeextrakt wird mit kochendem Wasser aufgefüllt. Soweit ganz gut, aber die benutzten Becher werden nur durch einen Eimer mit kaltem Wasser gezogen und umgestülpt. Das erste Mal kostete es Überwindung, aus solch unhygienischen Gefäßen zu trinken. Aber da es in den Lokalen kaum sauberer zugeht, bleibt keine andere Wahl. Immerhin wurde es mir erst am fünften Tag übel. Von da an habe ich immer, wenn ich aus fremden Töpfen aß, Tabletten geschluckt.

Wir besichtigten dann eine alte Kuppelkirche in einer Nebenstraße. Dort wurde offensichtlich eine Prozession vorbereitet. Der kreuztragende Christus, eine Kreuzigungsgruppe, Jesu Leichnam und eine prächtige Maria als Königin im schwarz-goldenen Mantel wurden mit Blumen geschmückt. Die Prozession wurde um 16 Uhr auf der Plaza de Murillo durch einen militärischen Aufmarsch vor dem Regierungsgebäude eingeleitet. Unter preußischer Militärmusik wurde der Präsident empfangen und zur Kirche geleitet. Obwohl alles abgesperrt war, konnte ich – dreist wie ich war – ungehindert zum Fotografieren durch die Absperrung schlüpfen. Man hielt mich wohl für eine Journalistin. Der preußische Eindruck von Musik und Uniformen und vor allem der Pickelhauben ist historisch bedingt, denn deutsche Militärs haben früher am Aufbau der bolivianischen Streitkräfte mitgewirkt. Der Präsident Siles Zuazo ging an der Spitze der Prozession, und neben vielen Zivilisten nahmen Vertreter aller Einheiten der Streitkräfte unter getragener Marschmusik teil an der Prozession.

Die erwähnten Passionsfiguren erschienen mitten in der Menge geschulterter Bajonette. Beidseits wurde der Zug aller zehn Meter von Soldaten mit Maschinengewehren begleitet. Einen düsteren Akzent erhielt der Zug durch mehrere Gruppen von Mönchen in Mänteln und Kapuzen mit Sehschlitzen, wie man sie vom Chu-Clux-Clan her kennt, die Mäntel in den Farben schwarz oder kräftig lila. Die Militärs erschienen mir als die bestbekleideten Bolivianer, sie wurden nur übertroffen von grünuniformierten und weißbehandschuhten Damen (Polizistinnen?) und ebensolchen Offizieren, deren linke Handschuhhand stets den kurzen Degen im Griff hatte.

Am Ostersonntag verließen wir unser kleines Hotel und zogen zu bolivianischen Freunden, die uns erwarteten. Das hieß: mit Sack und Pack etliche Straßen höher fahren und alles eine steile Straße hinaufschleppen. Eckart hat etwas Fieber. Auch ich bin schlapp, noch nicht an die Hitze und Höhe gewöhnt. Es ist keine gute Straße, sie stinkt immer entsetzlich. Ein schmaler, langer Hof wird beidseits von Gebäuden flankiert, in denen auf engstem Raum ungeahnt viele Menschen wohnen. Fließendes Wasser auf dem Hof! Zwei Brüder arbeiten in einer relativ großzügigen Werkstatt. Der eine als Schneider, der andere baut Musikinstrumente. Daher kommt auch die Bekanntschaft mit Eckart.

Der Instrumentenbauer, mit einer Engländerin verheiratet, hat ein kleines Häuschen erworben, so dass uns seine frühere Wohnung – ein Raum – zur Verfügung steht. Eckart ist wieder begeistert von der Unterkunft: zwei Matratzen auf dem Erdboden, ein Stuhl, ein Tischchen, eine Glühbirne an der Decke, welche vom vielen Durchregnen ganz fleckig ist. Dass die Wände verputzt und gestrichen sind, dass es zwei Fenster gibt, dass der Fußboden gedielt und sauber gefegt ist, kommt mir erst zu Bewusstsein und erscheint mir ein rechter Luxus, als ich auf der Rückreise wieder in La Paz bin. Vor allem betätige ich dann die Elektroschalter mit Genuss, und die Glühbirne macht auf mich den Eindruck eines venezianischen Kronleuchters. Was den Aufenthalt innerhalb der Mauer so angenehm macht, ist die Freundlichkeit der Gastgeber. Simone, die Schneidersfrau, begrüßt mich Fremde mit Kuss und stellt uns auch mal Obst ins Zimmer und bewirtet uns, so oft es geht, mit wohltuender heißer Milch (es gibt allerdings nur Milchpulver). Auch die Kinder sind reizend, viel mehr Ostereier hätte ich mitnehmen sollen!

In der Nacht zum Ostersonntag regnet es stark, auch durch unsere Zimmerdecke. Hunde bellen unentwegt, von 6 Uhr an läuten eine halbe Stunde lang Glocken irgendeiner Kirche eine Melodie. Es ist recht kühl, und ein bisschen elend ist mir schon auf meiner Matratze, aber dann kommt die Sonne, es wird herrlich warm.

Ich muss raus aus dieser Stadt. Wir fahren mit dem Micro für den gleichen Einheitspreis länger als eine Stunde hinunter bis zum Rio de la Paz, der die Regenmassen mit all dem Schmutz der Stadt reißend hinwegträgt.

Hier gibt es schöne Wohngegenden, Parks, Villen, einen Eukalyptuswald. Schließlich durchfahren wir eine wahre Mondlandschaft. Valle de la Luna heißt dieses Gebiet, das aus einem gräulich-weißen, ausgewaschenen Lehmgestein besteht. Erdpyramiden, Schluchten, kaum Bewuchs. Dann das Dorf Aranjuez, wo wir aussteigen. Wir sind so schlapp und müde, dass wir einem schütteren Eukalyptuswald zustreben, in dessen spärlichen Schatten wir uns ausruhen, das rote Gebirge vor uns betrachten und den Adler beobachten, der höher und höher schwebt. Steil unter uns windet sich der Fluss, zu dem ein schmaler Steig durch die Mondlandschaft hinunterführt. Eckart ist ihn früher schon einmal herabgestiegen, aber unten war damals die Brücke entzwei. Sein Freund und er waren durch den Fluss gewatet.

Nach einer Mittagsmahlzeit in einem Gartenlokal packt uns die Abenteuerlust. Wir steigen tatsächlich den Pfad hinunter ohne zu wissen, ob es die Brücke noch gibt. Das Ganze ist eine nicht ganz ungefährliche Kletterei, aber ein abwärtsführendes Abflussrohr (?) dient uns dann und wann zum Festhalten. Kakteen und Ananasgewächse setzen mich in Erstaunen, herrliche unbekannte Blüten in den tieferen Regionen. Und dann, nach einem steilen Wandstück, wo nur das Rohr noch Halt gibt, sehen wir die Brücke: zwei mit erheblichem Abstand nebeneinander liegende Eukalyptusstämme, dazwischen nichts, darüber nichts, darunter der nach dem Morgenregen reißende Fluss. Eckart will mich über diese Wahnsinnsbrücke locken, aber da streike ich ganz entschieden. Ein wenig reumütig und schlapp steigen wir die ganze Partie wieder hinauf, erreichen sehr schnell einen Micro, der uns zur Stadt zurückfährt.

Wir beschließen den Ostersonntag bei „Eli's", das ist ein von einem schlesischen Juden geführtes Lokal, in dem man prächtig essen kann. Dort treffen sich die „Gringos", das sind die Fremden aller Länder. Es dauert nicht lange, da finden sich an unserem „deutschen Tisch" zwei junge Männer ein. Der eine war Jurist bei einer deutschen Firma in Brasilien, der andere zählt wohl zu den „Aussteigern" und lebt im Tropischen. Es wird ein anregender Abend mit Gesprächen über „Gott und die Welt", über Probleme, Pläne und Ansichten, alles in herzerfrischender Offenheit.

Zwischendurch gibt es eine ohrenbetäubende Explosion in der Kirche, großes Erschrecken, sonst nichts weiter.

Der Ostermontag ist in Bolivien kein Feiertag. Für uns war es ein Tag mit viel Lauferei. Zunächst holten wir den Rucksack vom Flughafen und wollten dann Kerosin kaufen. Das ist ein aus Erdöl gewonnenes Leuchtöl, welches als kleines Flämmchen die Hütten in den stromlosen Dörfern spärlich erhellt. In unvergleichlich größeren Mengen verbrauchen die Flugzeuge Kerosin als Treibstoff. Mit Entsetzen zählte ich vor der Kleintankstelle ungefähr 125 Kanister, die gleich dem unsrigen gefüllt werden sollten und in einer langen Reihe am Straßenrand aufgestellt waren. Unsere gute Simone, die uns (natürlich mit dem Kind auf dem Rücken) dorthin geführt hatte, nahm es auf sich, für uns zu warten. So konnten wir die vielen Briefe und Mitbringsel, die im Rucksack steckten, an Ort und Stelle bringen und hasteten weit in diese und jene Gasse. Auch Briefe mussten noch geschrieben werden, denn nur in La Paz gab es für uns die Möglichkeit, Post zu empfangen und aufzugeben. Morgen wollten wir die Hauptstadt endlich verlassen.

Der Weg nach Chullina

Seit Dezember hilft Eckart einem Landwirt, der im Zug belgischer Entwicklungshilfe in einem abseits gelegenen Gebiet arbeitet. Dorthin gibt es nur eine Verkehrsverbindung: Zweimal wöchentlich fahren offene Lastwagen, Camion genannt, nach Charazani, einer Art Kreisstadt. Obwohl nur zirka 250 Kilometer von La Paz entfernt, benötig der Camion rund fünfzehn Stunden zur Bewältigung der Strecke. Schon die genaue Abfahrtzeit zu erfahren war mühevoll. Wir hatten den Vorteil, dass die Unternehmen in unserer Straße stationiert sind. Sooft wir vorbeikamen, fragten wir nach der nächsten Camionfahrt. Die Auskünfte sind stets verschieden. Immerhin, als wir gegen 22 Uhr unsere zwei Rucksäcke und meinen Koffer zum Camion brachten, lagen schon etliche Leute auf dem Wagen und schliefen. 6 Uhr morgens sollte der LKW starten. Eine ungewöhnliche Zeit, denn sonst geht es 2 oder 3 Uhr nachts los. Aber es hieß, dieser Camion sei besonders groß und relativ neu, so dass er schneller führe. Die wenigen

Nachtstunden waren für uns unruhig. Nicht nur, weil ich jetzt Magen- und Darmbeschwerden hatte, sondern es quälte mich auch die Vorstellung, der Camion könne doch schon um 3 Uhr losgefahren sein.

4 Uhr klingelt schließlich der Wecker, wir ziehen uns so warm an, wie möglich, und laufen durch die nächtlichen Straßen hinunter zur Camionhaltestelle. Erleichterung: Das Gefährt steht noch da! In Decken eingewickelt sitzen wir ab 4.30 Uhr neben anderen vermummten Gestalten auf einer Türschwelle und warten. Kalt ist's! Immerhin befinden wir uns ungefähr in 3.700 Meter Höhe.

Es wird 6 Uhr … 7 Uhr. Die Leute steigen nach und nach alle einmal vom Wagen und pinkeln auf die Straße. Wie sollen sie es auch anders machen? Sie liegen zum Teil seit 19 oder 20 Uhr im Camion. Öffentliche Toiletten gibt es nicht, es geht gar nicht anders. Endlich, 7.30 Uhr kommt der Fahrer. Gespannt und aufgeregt bin ich, ob er sein Versprechen hält und mich und Eckart mit in die Fahrerkabine lässt. Es klappt! Wenn wir auch eng und gedrückt zu sechs Personen in der Kabine hocken, so sind wir doch nicht für 15 Stunden dem kalten Fahrtwind und der noch größeren Enge auf der Ladefläche ausgesetzt.

Erst wird noch Ware aufgeladen, dann quält sich der Wagen die steilen Straßen zum Altiplano hoch. Schon ist die erste Reifenreparatur fällig, so dass wir 10 Uhr noch immer im Randbezirk von La Paz sind. Die Straße ist sehr belebt. Immer mehr winkende Leute werden mitgenommen, es mag da oben eine höllische Enge herrschen.

Plötzlich schreit Eckart: „Da ist Lucia!"

Ich hab sie auch gesehen. Mitten aus einer kleinwüchsigen Bolivianergruppe ragt ein blondes Mädchen heraus. Das ist Lucia, eine Deutsche, die eigentlich nachts am Camion sein und mit uns fahren wollte. Sie hatte verschlafen und ihr Glück irgendwie anders versucht. Der Fahrer hält und holt sie, nachdem sie schon auf die Ladefläche geklettert war, auch noch in die Fahrerkabine. Hier sind wir nun zu siebent, aber das Hallo ist groß. Eckart kennt Lucia nur von einem kurzen Zusammensein, ich noch gar nicht. Aber wie sie in ihrer frischen Art zu uns kommt, ändert sich sofort die Atmosphäre. Aus unserer müden Verdrossenheit wird ein fröhliches Lachen. Was Lucias blaue Augen nicht schaffen, das bringt ihr gutes

Spanisch zuwege. Es wird eine lebhafte, heitere Fahrt mit deutschen und spanischen Gesprächen, wenn auch die allzu knappe Bewegungsfreiheit mehr und mehr zur Qual wird. Stunde um Stunde schleicht der Camion das Altiplano entlang. Reizvoll ist die Strecke, für mich alles neu: die spärliche Vegetation, die kümmerlichen Felder, die kleinen Dörfer aus Lehmhütten, ab und zu ein größerer Ort mit Marktplatz und Kirche. Es hatte in den Bergen viel geregnet und lehmgelbe Bäche laufen über die Straße. Die Erosion treibt ihr zerstörerisches Werk überall im Gebirge Boliviens. Mehrmals müssen wir wie durch einen Fluss fahren. Einmal steht ein entgegenkommender LKW tief im gelben Morast. Unserer Camion holt ihn mit einem Drahtseil heraus. Lange Zeit geht die Fahrt am Titicacasee entlang. Bezaubernde Bilder entzücken uns. Das nahezu völlig unbebaute Ufer mit Schilfgürtel und Wassergeflügel kennt keinen Campingplatz, keinen Bungalow, keinen Rummelplatz, keine Straßen. Paradiesisch! Ab und zu ein Angler, auch ein paar kleine, geflochtene Indioboote, und dies kilometerweit.

Der Titicacasee ist dreizehn Mal so groß wie der Bodensee, liegt 3.800 Meter hoch und ist total sauber. Ein Kleinod!

Danach geht es wieder etwas höher ins Gebirge. Dort grasen Lamas und Alpakas in Farbabstufungen von schwarz, gelb, braun und weiß. Neben einem kleinen, zauberhaften Gewässer gibt es abermals eine Reifenpanne. Mit Freuden steigt alles aus. Immerhin hat ein Großteil der Leute nun schon an die zwanzig Stunden im LKW verbracht. Die Luft ist wie frisches, klares Wasser, der See glasklar, Blumen schauen uns mit unbekannten Gesichtern an, eine Eidechse huscht davon … einfach himmlisch! Die Weite der Landschaft, die Einsamkeit sind eindrucksvoll. Die Konturen der Berge im schrägen Sonnenlicht geben stimmungsvolle Farben, machen ein wenig melancholisch. Ein Dorf auf einsamer Höhe mit den fensterlosen Hütten wirkt fremd, abweisend, unsagbar fern von der übrigen Welt. Ab und zu steigen jetzt Leute aus, die dann auf stillen Pfaden ihren Weg zu Fuß fortsetzen. Das gibt stets längere Aufenthalte, weil meist auch ein mitgeführter Kerosin-Kanister von der Rückwand des Camion, wo sie alle miteinander verknotet und verknüpft sind, losgebunden werden muss.

Über drei Pässe geht die Fahrt. Jeweils auf der Höhe steht mahnend ein großes Kreuz mit einer Christusfigur weithin sichtbar. Es ist jetzt schnell dunkel geworden. Nun beginnt eine Höllenfahrt. In unzähligen Windungen führt die Straße vom Altiplano hinunter, fast zwei Stunden lang Kurve an Kurve! Die unbefestigte Straße bröckelt zur Hangseite hin und wieder ab, bisweilen sind Schmalstellen entstanden, die nicht mehr passierbar erscheinen. Wie sich herausstellt, ist der Fahrer die Strecke längere Zeit nicht mehr gefahren. Zudem kommt uns die Erkenntnis, dass *dieser* Camion für die Kurven zu groß ist. Der Fahrer fährt in einem Tempo, das er während der ganzen Strecke nicht hatte. Plötzlich zeigt sich im Scheinwerferlicht ein weißes Kreuz am abgrundtiefen Straßenrand. Da hat es wohl früher ein Unglück gegeben. Lucia treibt Vogel-Strauß-Politik: Sie tut, als ob sie schliefe. Aber Eckart und ich starren gleichermaßen ins Dunkel. Mein Kopf schmerzt entsetzlich. Aber letztendlich geht alles gut. Der Fahrer, nunmehr über dreizehn Stunden fast pausenlos am Steuer, erbringt eine Meisterleistung an Ausdauer und Fahrkönnen.

20.30 Uhr erreichen wir Charazani. Ein bisschen Tee und Trockenbrot, dann sinke ich erschöpft auf eine Matte und schlafe wie ein Murmeltier.

Der nächste Morgen ist köstlich, verflogen die Kopfschmerzen. Eine linde, balsamische Luft mit unbekannten Düften umgibt uns. Jetzt erst erschaue ich, wo ich die Nacht verbracht habe: in einem Gehöft mit schönem Garten, in dem ein europäisch aussehendes Haus steht. Es ist kirchliches Eigentum und steht zur Zeit leer. Es sollen hier aber wieder Nonnen untergebracht werden. Der Raum, in dem wir schliefen, dient Stanislas, dem belgischen Landwirt, als Lagerraum für alle Dinge, die bis hierher mit den Camions ankommen und dann ins Gebirgsdorf gebracht werden müssen. Zugleich ist er Übernachtungsraum bei Fahrten nach La Paz. Nun hatte man Stanislas den Raum gekündigt. Eckart war die Aufgabe zugefallen, den Umzug in einen neu gemieteten Raum zu bewerkstelligen.

So packen wir Drei die Sachen soweit zusammen, dass sie in Kisten und Körben transportabel sind. Gegen 13 Uhr machen wir uns auf den Weg nach Chullina.

Wir haben alle schwer zu tragen. Statt des Koffers und des zu kleinen Rucksacks binden wir nach Indianerart einen Teil meiner Sachen in ein großes Tuch und tragen es so wie die Cholas, also die Indianerfrauen.

Charazani liegt auf einem Plateau, so dass der Weg zunächst abwärts führt. Mit jedem Schritt wird die Welt schöner. Eukalyptusbäume, Kakteen, blühende Büsche säumen den Weg, die Sonne strahlt. Das Flusstal, in dem wir entlanglaufen, ist paradiesisch schön. Kleine Felder ziehen sich das Tal entlang, kein Beton, kein Mast, nichts, was der Natur zuwider ist. Grünblau schimmernde Kolibris schwirren umher. Vergessen sind gestrige Strapazen und die Höllenfahrt. Mir ist richtig wanderfreudig zumute, obwohl Lucia und Eckart immer von den Mühen des bevorstehenden Aufstiegs sprechen. Chullina sieht man in Charazani schon auf der Höhe liegen, mir erscheint es nicht allzu weit. Dann wird das Tal breiter. Ein zweiter Fluss vereinigt sich mit dem unsrigen. Über beide Flüsse führen je eine Brücke aus Eukalyptusstämmen. Quer darüber liegen Buschwerk und etwas Erde. Die Brückenenden ruhen auf lose aufgestapelten Steinen. Als einmal drei Kühe zur gleichen Zeit darüber liefen , schwankte die ganze Brücke erheblich. Dies ist ein viel begangener Weg. Ganze Herden überqueren hier die Täler, wenn sie von der einen Bergseite zur anderen wollen.

Noch ein erfrischendes Fußbad, dann beginnt der Aufstieg. Es ist heiß, die Rucksäcke sind schwer. Es geht nicht schnell bei mir mit meinen fast 60 Lebensjahren. Aber schließlich erreichen wir den angekündigten Bachlauf mit dem erfrischenden Wasser. Ein Labsal! Gleich danach steigt der Pfad unheimlich steil in die Höhe, und so oft man meint, da vorn ist's die letzte steile Wendung, erscheint wieder ein neues Teilstück von der gleichen Steilheit.

Am Bach gesellt sich eine Chola zu uns. Sie kommt ganz allein und freut sich über Gesellschaft. Jetzt habe ich zum ersten Mal die Gelegenheit, den Unterschied zu den Stadtfrauen zu sehen. Waren diese mir schon ärmlich vorgekommen, so erscheinen sie mir jetzt prächtig im Vergleich zu dieser Frau. Ihre handgewebte Kleidung ist alt und verblichen, die nackten Füße stecken in handgefertigten Riemensandalen. Sie ist sehr freundlich, bleibt an meiner Seite, obwohl wir uns kaum unterhalten können. Meine wenigen spanischen Brocken reichen gerade, um ein paar immer wieder angewendete Sätze zu sagen. Aber, sobald Fragen oder Antworten kommen, bin ich ziemlich hilflos. Dennoch verstehen wir uns gut. Sie merkt sehr schnell, dass ich bewundernd auf die duftenden Kräuter reagiere. Sie pflückt die jeweilige Pflanze, zeigt sie mir und nennt mir Namen, wahrscheinlich aus der Quechua-Sprache, wobei auch eine bekannte Bezeichnung auftaucht: Anis.

Als wir Rast machen, knüpft sie ihr Tuch auf und teilt mit uns eine Apfelsine. Recht beschämt gebe ich ihr von meiner Schokolade und beobachte, wie sie einen Teil isst, dann verstohlen die Blätter eines Maiskolbens in ihrem Bündel auseinanderzieht und dazwischen den Schokoladenrest versteckt. Sicher, um ihn jemandem mitzubringen. Ich hätte so gern gewusst, wie alt sie ist und frage sie nach dem Alter ihrer Tochter, um daraus Rückschlüsse zu ziehen. Aber sie zuckt die Achseln, weiß es wohl nicht. Beim letzten Stück Weg fällt mir das Steigen doch recht schwer. Da will sie sogar meine Tasche tragen. Eine rührende Frau, diese alte, ärmliche Chola! Schade, ich habe sie nicht wieder gesehen.

Chullina ist zum Teil ein Steindorf, zum anderen Teil wie andere Dörfer aus Lehm gebaut. Die Steinhäuser bestehen aus übereinander geschichteten Natursteinen, von denen viele geborsten sind. Da drohen schiefe Mauerreste jeden Moment umzustürzen. Hier und da stehen noch dächerlose Giebelwände oder alles ist bereits zu Steinhaufen zusammengefallen. Die letzten steilen Meter zum Dorfeingang sind voller Steingeröll. Der erste Eindruck des Dorfes ist düster. Hunde kläffen, kleinwüchsige, schwarze Schweine laufen frei umher. Menschen sind kaum zu sehen, nur hier und da steht ein Kind und schaut uns verwundert und zurückhaltend an. Die Hütten haben alle keine Fenster, Glas wäre viel zu teuer. Deshalb stehen die Türen meist offen, und man ahnt im Halbdunkel des Raumes menschliche Gestalten. Aus bemoosten Grasdächern dringt Rauch. Wir biegen in einen kleinen Hof, um Natividad zu begrüßen. Eckart hatte mich schon vorbereitet, es sei sehr primitiv bei ihr, aber ihr Mann, Cecilio, sei sehr hilfreich. Mit ihm verbinde ihn Freundschaft. Trotz der Vorwarnung bin ich erschrocken: Neben dem kleinen Lehmherd auf dem Fußboden, in einer Ecke sitzt die noch junge und eigentlich hübsche Frau. Ein paar Kisten mit Lumpen an der Wand, eine Art Pritsche mit Decken darauf, das ist die ganze Einrichtung. Im zu Staub gewordenen Lehmfußboden sitzt das kleine Kind, dazwischen laufen zwei Küken und huschen mehrere Meerschweinchen umher. Die Frau hat Tuberkulose, bekommt aber seit kurzem – mit zwölf anderen Dorfbewohnern – Spritzen. Ein Arzt, fünf Wegstunden entfernt, hat Cecilio angelernt, das Spritzen auszuführen. Eine zusätzliche Belastung für diesen Campesino, also Bauern, der zudem noch den kleinen Laden der Kooperative zu betreuen hat. Natividad ist sehr freundlich und macht einen zufriedenen Eindruck.

Was in Chullina sofort ins Auge fällt, sind Wasserzapfstellen und eine Uhr auf dem Marktplatz. Beides stammt von Stanislas, der vier Jahre in Chullina lebte., ehe er eine halbe Wegstunde entfernt Chorejon erbaute und dorthin zog. Die Dorfbewohner hatten ihm dort Land zur Verfügung gestellt. Der Marktplatz hat ein paar Häuser mit Fenstern und eine kleine weiße Kirche mit winzigen, wellblechgedeckten Türmen. Fünfzehn Jahre ist kein Priester hier gewesen. Das Kircheninnere ist völlig leer, aber an der Chorwand erkennt man an den Holzresten des Altars, dass auch dieser sechs Nischen hatte, wie die Altäre in La Paz. Das kirchliche Leben hier liegt übrigens in den Händen der Pfingstgemeinde.

Chorejon

Der Name stammt aus der Quechua-Sprache und bedeutet soviel wie „da wo Wasser ist". Es besteht aus einem Schlaf-, Lager- und Küchenhaus. Vor der Küche befindet sich eine Art Hof, in dessen Mitte ein Kantuta-Baum mit zahlreichen roten Blüten sofort das Auge anzieht. Kantuta ist die Nationalpflanze Boliviens, auch die Kolibris lieben sie. Gleich im Anschluss an den Hof und die beiden anderen Häuser geht es steil abwärts, die Felder und der Garten verlieren sich im Buschwerk. Man kann nicht sofort überschauen, wieweit sich bebautes Land nach unten zieht. Jeder Gang zum Garten bedeutet steiler Ab- und Aufstieg. Unter dem Schlafhaus befindet sich der Schafstall, der zur Zeit nicht belegt ist. Der Boden des Schlafraumes wird durch dichtgelegte Bambusstäbe gebildet. Darüber liegen ein großer Wollteppich, eine Schicht duftender Kräuter gegen Ungeziefer, Decken, Schlafsäcke. Das Außergewöhnliche ist ein Stück durchsichtiger Kunststoff im Wellblechdach, so dass es am Tage einigermaßen hell im Schlafraum ist. Auch ist ein Fenster vorgesehen, der Tragebalken schon eingefügt. Eines Tages wird die Fensteröffnung aus den Lehmwänden geschnitten. Dann wird's wunderbar sein, denn der Blick auf die gegenüberliegende Bergwelt ist sagenhaft schön. Die Ziegel wurden natürlich aus dem vorhandenen lehmigen Boden hergestellt. Mit Wasser vermengt, drückt man die Erde in Holzrahmen und lässt sie trocknen.

Im Lagerhaus liegen Geräte aller Art, von denen die Indios sich gern dies und jenes ausborgen. Die Vorräte an Mais, Getreide, Kartoffeln, Teigwaren und Bohnen beruhigen mich, denn eben mal schnell einkaufen gehen, das gibt es nicht. Allerdings bieten vorübergehende Indios bisweilen Gemüse und Früchte an. Ein weiterführender Weg läuft ungefähr 50 Meter höher an Chorejon vorbei. Das ergibt eine angenehme Abwechslung. Vorübergehende grüßen herunter, rufen auch, wenn eine Kuh in unseren Garten eingebrochen ist. Ab und zu hört man einen Hirten die Kenaflöte spielen. Esel und Schafe kommen des Weges und auch die Lastenschlepper, die einen vollen Tagesmarsch ins Tropische absteigen und am nächsten Tag schwer mit Apfelsinen beladen zurückkehren. Sie verkaufen uns gern davon, und das sind herrliche, saftige, frische Früchte.

Das Küchenhaus ist aus Naturstein erbaut, innen völlig unverputzt, so dass man Stöckchen zwischen die Steine schieben kann. Das sind gute Aufhängemöglichkeiten für alles Mögliche. Das Dach ist aus Gras, damit der Rauch abziehen kann, auch gibt es ein kleines Glasfenster. Das Wichtigste ist selbstverständlich der Herd. Anders als bei den Indios hat ihn Stanislas in Tischhöhe erbaut. Er besteht aus Lehm mit drei Löchern, auf die Tontöpfe und sogar Metalltöpfe gestellt werden. Das Feuermachen ist eine Kunst! Man hat nur getrocknete Büsche zur Verfügung, die man kleinknickt und immer wieder nachlegen muss, bis endlich ein Glutberg vorhanden ist, so dass man dann auch etwas anderes machen kann als Feuerhüten. Wehe, wenn's nicht gut brennt, dann ist die Küche voller Rauch, man kann kaum atmen. Immer steht die Türe offen, wenn gefeuert wird, und abends kommt recht kalte Luft herein. So herrlich warm es am Tage ist, so kühl sind die Abende und Nächte. Kein Wunder, denn Chorejon liegt ungefähr 3.500 Meter hoch. Der beste Platz ist der auf einem Fass neben dem Herd. Da sitzt der Feuermacher und friert nicht, falls er seine Sache gut macht. Nur Mischi, die kleine schwarze Katze, macht einem den warmen Platz streitig. Als Katzenjunges hat sie die Nächte im warmen Herd verbracht, und jetzt noch ist sie immer in der Nähe der Wärme, stets muss man sie vom Fassplatz verjagen. Auch in Chorejon gibt es Kerosin-Leuchter als Dauerlichtquelle, daneben Taschenlampen, Kerzen, Petroleumleuchter aller Art, aber die sind nur für Notfälle da, ansonsten sitzt man am Abend beim Feuerschein und dem kleinen Flämmchen. Es ist nicht einfach dabei zu hantieren und zu kochen. Manchmal macht es nervös und wütend, ein andermal findet man alles ganz anheimelnd und gemütlich. Je nach Stimmung und Müdigkeitsgrad. Den Augen einer deutschen Hausfrau hält die Kücheneinrichtung natürlich nicht stand. Ich hätte da Stunde um Stunde räumen und waschen mögen, aber hab's auf das Nötigste beschränkt.

Was soll's? Der Rauch wird immer wieder da sein, der Staub des erdigen Fußbodens sich mit dem Buschholz vermengen. Die Katze wird immer wieder durch's Dach einsteigen und ihren Weg durch die offenen Regale nehmen. Aber alles entbehrt nicht der Romantik. Das Holz, das zum Trocknen aufgestapelt ist, die Körbe, die überall herumhängen, die Liege, welche die eine Wand einnimmt und mit tausend Dingen belegt ist. Nicht zu vergessen Chaska, die etwas klein geratene Schäferhündin, die immer in der Türe und damit im Wege liegt, nach Möglichkeit Stück für Stück ein bisschen weiter in die Küche kriecht, bis man es merkt und sie zurückscheucht. Es ist natürlich belastend, für jede Tasse Tee oder Kaffee Feuer machen zu müssen, hinzu kommt, dass man mittags *und* abends warm essen muss. Denn Brot gibt es nur in Charazani zu kaufen und das muss man dann schleppen. Deshalb wird es nur zum Frühstück gegessen. Ansonsten gibt es meist Gemüseeintöpfe mit Mais, Reis, Quinua und anderen Körnern, alles ohne Fleisch. Nur etwas Käse fügen wir hinzu, um den Eiweißbedarf zu decken. Auch Chaska – wie alle Hunde dort – muss vegetarisch leben. Sie bekommt gekochten Maisbrei, und ab und zu holt Eckart vom Trockengestell ein Stück gedörrtes Ziegenfleisch herunter. Aber das besteht auch mehr aus Haut und Knochen als aus Fleisch.

Das Schönste von Chorejon ist die Umgebung. Es geht einem das Herz auf, wenn man die breiten, völlig waldlosen Bergwände gegenüber sieht, wie sie sich vom schmalen Flussbett nach oben fortsetzen, tief durchfurcht von den senkrechten Bachläufen, fein netzartig durchzogen von schmalen Pfaden, die die weit verstreuten, alle sehr hoch liegenden, kleinen Dörfer verbinden. Am Eindruckvollsten erscheinen die Berge, wenn die ersten Sonnenstrahlen die obersten Spitzen erleuchten und durch die seitliche Strahlung Licht- und Schattenseiten stark hervortreten. Diese erhabensten Morgenminuten habe ich des Öfteren beim niedrigsten menschlichen Bedürfnis erleben können. Die kleine Mischi saß meistens vor der Schlafhaustür und sprang lustig vorweg, genau wissend, wohin mein Weg führte: steil hinunter zum Stillen Örtchen, einem tief ausgehobenen Erdloch mit zwei Kauerbalken darüber. Vom oberhalb verlaufenden Weg durch dichtes Buschwerk geschützt, gab an der anderen Seite dieser Platz das schönste Panorama frei. Während Mischi auf der Haltestange umherturnte, konnte ich mich nicht sattsehen an diesem Morgenwunder oder auch am südlichen Nachthimmel, der durch die Klarheit der Luft viel mehr Sterne preisgab als in unseren Breiten. Das Sternenbild des Orion, das ich bisher nur stehend kannte, liegt dort quer über dem Horizont und ist ausgefüllt mit vielen kleinen Sternen, von denen man zu Hause nichts ahnt. So habe ich diese Nacht- und Morgengänge, hervorgerufen durch mein nicht intaktes „Innenleben", dennoch immer wieder besonders genossen. Wenn ich jetzt daheim im Stillen Örtchen sitze, denke ich: Wie langweilig ist diese Tür da vor mit!

Das Wichtigste an Chorejon ist das Wasser. Es kommt von einer Quelle knapp oberhalb der Häuser und wird durch einen Schlauch herunter geleitet. Dieser Schlauch, beliebig verlegbar, war meine persönliche Wonne. Er verhalf mir zu wahren Waschfesten meiner selbst, wenn ich ihn in dichtes, blühendes Buschwerk verlegte, um den Dreck der Camionfahrt und den Wanderschweiß endlich einmal loszuwerden. Ansonsten liegt der Schlauch neben einer aufgerichteten, großen Steinplatte, auf der das Geschirr mit kaltem Quellwasser gespült wird und auf der ich vor allem stundenlang mit Begeisterung schmutzige Wäsche wusch. Davon gab's genug. Bewaffnet mit Bürste und Waschpulver, das speziell für kaltes Wasser ausgerichtet ist, schrubbte ich Stück für Stück und spülte es im immer fließenden Wasser. Dabei genoss ich die wärmende Sonne und vergegenwärtigte mir immer wieder die großartige Umgebung, in der ich arbeitete. Schwierig ist nur das Trocknen der Wäsche, weil die Luftfeuchtigkeit recht groß ist. Aus dem Tal, das ja ins Tropische führt, verdichtet sich die feuchte, aufsteigende Warmluft zu Wolken, die in den späten Nachmittagsstunden über Chorejon hinweg ziehen und uns in Nebelschwaden hüllen. Später sinken sie ins Tal, das mit weißer Watte ausgefüllt unter uns liegt, während wir die klaren Sternennächte genießen können. Zum Hofleben gehören noch die stets hungrigen Hühner und die in einem kleinen Häuschen untergebrachten Wildbienen, die sehr aggressiv sein können. Auch eine amtliche Wetterstation mit Feuchtigkeits-, Niederschlags- und Temperaturmessungen wird betreut.

Leider waren es nur neun Tage, die ich im schönen Chorejon verbringen konnte. Von diesen waren wir fünf Tage unterwegs. Am ersten Samstag hatte Eckart Cecilio versprochen, beim Roden zu helfen. Wir „bewaffneten" uns mit zwei Macheten, das sind Haumesser mit einer Schneide von zirka sechs Zentimeter Breite, und liefen den halbstündigen Weg nach Chullina. Cecilios Hütte war verschlossen, wir waren wohl zehn Minuten nach vereinbarter Zeit gekommen, wobei Cecilio keine Uhr besitzt. Jetzt hatten wir Sorge, die Rodungsstelle auch zu finden, zumal noch alles in Morgennebel gehüllt war. Cecilio hatte Eckart den Weg beschrieben mit der Schlussbemerkung: „Und dann seht ihr schon unser Feuer brennen."

Weit mussten wir hinablaufen, meinen geliebten Trink- und Waschbach überqueren und wieder in die Höhe steigen. All die unbekannten Blumen faszinierten mich erneut. Sie sind durchweg von größter Farbintensität, Blassblüher gibt es kaum. Unsere unscheinbar weißblütige Vogelmiere hatte dort tiefblaue Blütchen. Hin und wieder ähneln Pflanzen den unsrigen oder man kann sie wenigstens in eine Pflanzenfamilie einordnen, aber meist steht man vor neuen, unbekannten Wundern.

Der Nebel hatte sich verzogen. Nun entdeckten wir auch am gegenüberliegenden Steilhang eine kleine Rauchfahne. Der Anmarsch hatte zwei Stunden in Anspruch genommen. Die Indios waren kürzer gelaufen, vom Dorf steil hinunter, aber das hätten wir nicht finden können.

Als wir 10 Uhr ankamen, war gerade Pause. Die Indios arbeiten immer zwei Stunden, dann wird kurz gerastet. Die Zeitspanne liegt ihnen im Blut, ohne Uhr stimmte die Zeit immer, wie Eckart schon früher nachgeprüft hatte. Außer Natividad und ihren zwei kleinen Jungens waren noch drei Männer da, denn man arbeitet immer in Gemeinschaft und hilft sich gegenseitig. Natividad saß wie immer auch hier draußen am offenen Herdfeuer und kochte Suppe Auch die zwei winzigen Küken waren mit von der Partie und stolzierten durch das unwegsame Gelände. Dass sie nicht aus Versehen zertreten werden, war meine ständige Sorge, aber ohne Hektik ist das alles möglich. Dann ging's an die Arbeit: Es wird das zwei bis drei Meter hohe dichte Buschwerk abgeschlagen. Die Stämme sind bis zu sieben Zentimeter dick, eine harte Arbeit. Da alles am Steilhang geschieht, wirft man die abgeschlagenen Äste nach unten und arbeitet sich weiter nach oben. Das Buschwerk bleibt zum Trocknen liegen, wird später ins Dorf geholt und dient als einziger Brennstoff. Die Wurzeln werden mit abenteuerlich aussehenden, handgearbeiteten Geräten – Tajlla – genannt, aus dem Boden geholt. Was übrig bleibt, ist eine lockere, humöse Bodenschicht, die ohne weitere Bearbeitung bepflanzt, aber nur ein bis zwei Jahre ausgenutzt werden kann. Dann schon ist der Boden erschöpft und darf sieben Jahre wild wachsen und sich erholen, so dass dann wieder die Mühe des Rodens notwendig ist. Auf diese Weise haben es die Indios verstanden, sich ihren Boden zu erhalten, Feuerungsmaterial zu haben und der Erosionsgefahr steilen Gebirgsbodens Widerstand zu leisten. Bedingung für diese Überlebenschance ist schwere, immer wiederkehrende Arbeit, an der ich nun zwei kümmerliche Stunden teilnahm. Ich darf wohl sagen, dass ich tüchtig zugehauen habe. Es machte mir Spaß, und ich staunte selbst, wie ich mich inzwischen an die Höhenluft gewöhnt hatte. Die allzu starken Äste schaffte ich allerdings nicht. Aber meist war Cecilio zur Stelle und haute sie mit gewaltigem Schlag durch. Es dauerte nicht lange, da bluteten meine Finger. Blasen bildeten sich. Ich war recht froh, als es Mittag wurde. Ich wollte nicht mit essen und verabschiedete mich kurz vor der Mittagspause. Eckart blieb noch bis zum Abend und kam ziemlich erschöpft nach Hause.

Ich genoss den Heimweg über die Maßen. Nach erquicklichem Durstlöschen und Waschen am frischen Bachlauf lief ich in der warmen Mittagssonne gemächlich nach oben. Ohne die Last jeglichen Gepäcks gefiel mir der Weg noch besser mit all seinen Windungen, seinen Ausblicken, seinen Blumen und Düften. Hier ging mir ein bunter Schmetterling ins Netz, dort spazierte mir ein Käfer direkt ins Glas, und eine große Stabheuschrecke freute mich besonders für meine Sammlung. Wie schön war die Welt in dieser großen Stille und Einsamkeit.

Ausflug nach Niñocorin

Lucia, die vor allem die alten Webetechniken und Muster mit ihren vielseitigen Bedeutungen kennenlernen wollte, hatte uns schon vor einigen Tagen verlassen, um bei verschiedenen Familien zu leben und zu lernen. Wir wollten sie nach Niñocorin, einem recht hoch gelegenen Dorf oberhalb eines anderen Flusstales begleiten, welches Eckart schon immer gern kennenlernen wollte. Wir stiegen hinab bis Playa, das ist eine Ansiedlung dort, wo die beiden Brücken über die sich vereinigenden Flüsse führen. Eckart hatte das Glück, mit einem Jeep, der zu einem bolivianischen Entwicklungsprojekt gehört, nach Charazani mitfahren zu können, um mit Bolivianern zusammen den Umzug von Stanislas' Sachen in den neugemieteten Raum zu bewerkstelligen. Stanislas habe ich übrigens nicht kennengelernt, da er die Anwesenheit Eckarts ausgenutzt hatte, um nach Jahren der Abwesenheit wieder einmal nach Belgien zu reisen. Eckart kam dann über einen anderen Bergrücken hinweg von oben nach Niñocorin. Indessen verbrachte ich erholsame Stunden in Playa. Lucia hockte stundenlang in der Sonnenhitze bei der Webarbeit. Der Webstuhl besteht eigentlich nur aus vier Stöcken, die in die Erde gesteckt werden. Mit einer Technik, die so primitiv wie kunstvoll zugleich ist, entstehen die wunderschönsten Webstücke, aber es gehört viel Fertigkeit dazu. Indessen zog ich mich zum Fluss zurück, wusch mich soweit das ging und streckte mich in die Sonne. Wieder durchfühlte ich die Vollkommenheit der Umgebung: Vor mir rauschten große Eukalyptusbäume und verströmten ihren Duft. Hinter mir rauschte das saubere, klare Wasser. Ein kleiner Junge angelte. Ein bunter, unbekannter, entenartiger Vogel schwamm auf dem Wasser und wurde in Windeseile halsbrecherisch durch die Flusssteine geschleust. Ab und zu bekam ich Besuch: erst eine alte Chola, ärmlichst gekleidet. Mein Vokabular war wieder schnell erschöpft. Am besten kann ich noch immer die stets wiederkehrenden Fragen nach der Uhrzeit beantworten, gerade das hatte ich gut gelernt. Ein Junge von ungefähr vierzehn Jahren erzählte mir, dass er nach Charazani laufen und heute Nacht 1 Uhr mit dem Camion nach La Paz will. Außer einem Stecken hat er nichts bei sich. Die Hosen sind zerrissen, aber die Zähne, wie bei fast allen Indios, beneidenswert weiß und gesund. Eine viertel Stunde später ist er wieder bei mir und streckt mir vier Pfirsiche entgegen. Diese hier wachsenden Pfirsiche sind hart und grün, aber sie haben ein gutes Aroma. Ein wenig beschämt gebe ich dem Jungen von meiner eisernen Ration: Schokolade und Früchtewürfel. Er strahlt und macht sich auf den Weg. Ein kleinerer Junge hat das Tauschgeschäft wohl beobachtet. Nun dauert es nicht lange, da kommt auch er, gibt mir drei winzige Pfirsichexemplare und bekommt Schokolade. Aber er fragt auch nach Brot, wie es stets die Kinder tun, wenn wir durch Chullina laufen. Es gibt dort zwar Backöfen, aber das Getreide reicht nicht, denn es wächst in dieser Höhe nur spärlich.

Als ich später zum Mittagessen ins Haus gerufen werde, stürze ich von meinen paradiesischen Ruhestunden wieder zurück in die Ärmlichkeit dieser Welt. Aus heller Sonne kommend, kann ich im fensterlosen Raum kaum erkennen, dass Martha mit dem kleinen Kind auf dem Schoß in einer Ecke neben dem Herd sitzt und kocht. Es gibt Suppe mit Nudeln, Kartoffeln und Blattwerk, recht gut gewürzt, aber ohne Fleisch und Fett. Da Mahlzeiten solcher Art nicht lange vorhalten, gibt es öfters zu essen. Eigentlich wurde uns, so oft wir zu Indios kamen, Suppe angeboten. Die Frauen verbringen viel Zeit damit, immer wieder eine Mahlzeit zuzubereiten. Für mich kommt nun der Moment, wo ich Hygiene Hygiene sein lassen und mitessen muss. Da ich aber vorbeugend Tabletten nahm, ist mir alles gut bekommen, wenn ich auch sieben Pfund in den drei Wochen an Gewicht verlor. Es wird bei Martha noch zusätzlich Chokolo, das ist halbreifer, gekochter Mais, aufgetischt, das heißt richtiger: ein Teller damit auf die Erde gestellt, und jeder nimmt sich von den sehr gut schmeckenden Körnern mit der Hand. Die ärmliche Einrichtung der Hütte unterscheidet sich kaum von der Natividads.

Ich machte dann einen kleinen Spaziergang durch die wenigen Häuschen und Gärten voller Pfirsichbäume, üppiger Kürbisgewächse, durch die Gemüseanzuchtbeete, die das bolivianische Entwicklungsprojekt hier angelegt hat, schlendere durch die Lupinen-, Mais- und Weizenfelder, die vom Fluss her bewässert werden und recht ertragreich aussahen. Sogar Obstbäume und Erlen wachsen hier, während die Bergdörfer nur Eukalyptusbäume haben. Feliciano und Martha stammen aus Niñocorin. Gegen 17.30 Uhr brechen wir alle dorthin auf. Wahrscheinlich hatte Feliciano unser Marschtempo höher eingeschätzt. Er sprach von nur einer Wegstunde. Stattdessen schien der Weg immer länger zu werden. Das Dorf lag noch immer hoch über uns. Es war schon stockdunkel, als wir ins Dorf einliefen. Alles einsam und still, ein bisschen unheimlich, nur die Hunde kläfften in allen Ecken und Enden. Schließlich biegt Feliciano in ein kleines Gehöft, ein winziges Licht ist zu sehen, in dessen Schatten Eckarts Gestalt. Er flüsterte uns zu: „Vorsicht, geht am Rand, der Hof ist voller Mistsotte."

Dann stehen wir in einem winzigen Raum. Hier ein Tisch mit bunter Plastikdecke, darauf alle möglichen Dinge, die bei uns längst in den Müll gewandert wären. Daneben ein Bettgestell, ebenfalls voll belegt mit Bündeln, Säcken, Decken. An der Wand Zeitungsbilder christlichen Inhalts. Auch hier nur die kleine Kerosinleuchte. Die Küche ist ein kleiner Verschlag vor der Hütte. Dort hocken mehrere Frauen, Feuer wird geschürt. An diesem Abend bin ich recht schockiert. Nach dem Schwitzen beim Aufstieg friere ich, möchte mich heiß waschen und in einem Sessel bequem ausruhen. Stattdessen stehen wir ratlos herum. Das ganze Unternehmen war wohl etwas anders gedacht. Es sollte noch eine zweite Übernachtungsmöglichkeit bei Christobal, dem Weber, geben, aber das klappt wohl nicht. Die Indios beraten in Quechua, wir kommen uns verloren und unglücklich vor. Schließlich gibt es heißen Wasserkakao und sehr viel später eine Suppe mit Kartoffeln und Reis, den wir mitgebracht haben. Es sind nur zwei Löffel vorhanden. Wir wechseln uns damit ab. Die Gastgeber schlürfen die Suppe aus dem Teller. Ich sehne mich sehr nach einem warmen Bett. Wo sollen wir hier nur schlafen? Lucia meint: auf dem Fußboden. Dort huschen die Meerschweinchen umher, und das Klo ist der offene Hof, gleich neben dem Küchenverschlag. Ich komme mir jetzt vor, als sei ich in einen Trichter spaziert, der anfangs weit und verlockend war, alle Möglichkeiten offenhielt. Jetzt ist der Trichter ganz eng geworden, hier muss ich aber durch, ob ich mag oder nicht. Schließlich wird uns bedeutet, wir Drei sollten auf der Bettstatt schlafen, das Ehepaar mit dem Kind von anderthalb Jahren wolle auf dem Fußboden liegen. Wir sträubten uns dagegen, verhandeln ein bisschen, wollen wenigstens das Kind zu uns nehmen, aber das mache noch nass, werden wir gewarnt. So legen wir uns zu Dritt auf die Bettstatt, Eckart und ich parallel, Lucia entgegengesetzt dazwischen. Den Rucksack nehme ich als Kopfkissen und krieche mitsamt allen Sachen tief in meinen Schlafsack. Im Geiste stelle ich „alle" Körperfunktionen ab – nur nicht raus müssen in dieser Nacht, etwa im Dunkeln über die Indiofamilie steigen und sich auf den Misthof begeben!

Lucia hat eine Silberfolienmatte mit. Darauf legt sich die Familie, hat noch ein bisschen Platzschwierigkeiten, man hört noch leises, zärtliches Quecha-Gemurmel, dann ist es am Erdboden total still. Ich habe nur noch einen Wunsch: Die Katze, die auf unserem Bett umherturnt, möge sich auf meine kalten Füße legen. Und sie tut es. Ich werde warm und schlafe die ganze Nacht wunderbar. Nur einmal spüre ich, wie die Katzenpfoten Schritt für Schritt auf mir emporsteigen. Ich bin gerade noch rechtzeitig wach genug, über meinem Gesicht „den Laden zu schließen".

Übrigens sind Pulgas (eine Art Flöhe) schlaue Tiere, denn sie finden auch den Eingang unseres Schlafsacks. Es dauert gar nicht lange, da fängt's am Hals zu krabbeln an.

Als ich 7 Uhr erwache, strahlt die Sonne durch die Tür herein, wir bekommen Kräutertee ans Bett gebracht. Also doch Schlaraffenland?

Jetzt bei Tageslicht sehe ich erst richtig, welche Mistsotte den ganzen Hof bedeckt, und gleich daneben ist der Küchenverschlag! Die hygienischen Verhältnisse sind gar zu bedrückend. Schon in La Paz beschäftigte mich dieses Problem stark und die Frage, wie man hier Abhilfe schaffen könne, und dass man es müsse. Es gibt zwar Meinungen, dass alle „primitiven" Völker durch Gewohnheit mit ihrem Schmutz fertig würden, und nur wir zivilisierten Völker durch allzu große Sauberkeit überempfindlich sind. Das stimmt nur zum Teil, aber die Lebenserwartungen der Indios sind erheblich geringer als die unsrigen. Vor allem die Kindersterblichkeit ist sehr groß. Es gibt ausgesprochene Schmutzkrankheiten. Ein Beispiel: Natividads kleiner Sohn hatte Bläschen an den Füßen. Darinnen leben winzige Würmer. Öffnet man die Bläschen nicht beizeiten, kann es vorkommen, dass diese sich durch's Gewebe fressen, sich in einem Organ festsetzen und nach ein paar Jahren zum Tode führen. Die Würmer werden durch Schweinekot übertragen. Da die Schweine im Hof frei herumlaufen, wo auch die Kinder barfuß gehen und auf dem Boden sitzen, ist die Krankheitsquelle stets vorhanden. Eine Menge Aufklärungsarbeit müsste hier geleistet werden. Das wäre ein weites Feld christlicher Nächstenliebe. Aber Hygiene verlang auch einen gewissen Wohlstand, und da stößt man wieder auf das Grundproblem.

Nach der Frühstückssuppe aus frischen hellen Kartoffelstückchen und schwarzbraunen, getrockneten Kartoffeln, die nicht nur vom Aussehen her wenig appetitlich sind, wünschen sich unsere Gastgeber ein Foto von der ganzen Familie. Ich staune, wie viele Personen in dem kleinen Gehöft mit der Holzgalerie zum oberen Stockwerk wohnen. Der Großvater hat noch im Chacokrieg gegen Paraguay in den dreißiger Jahren mitgekämpft und bekommt daher eine kleine Rente. Zum sichtbaren Lebensbeweis muss er jährlich einmal die beschwerliche Fahrt nach La Paz unternehmen, um für ein Jahr wieder die Rente zu erhalten.

Als wir nach herzlichem Abschied durch's Dorf wandern, erwartet uns schon Christobal und winkt uns zu sich herein. Hier ist alles anders: ein schmucker Hof, ein Pferd steht auf trockenem Gras in einer schattigen Ecke. Im Raum eine saubere Wachstuchdecke auf dem Tisch, dazu ein Strauß Kunstblumen. Ich traue meinen Augen nicht, alles ist aufgeräumt und sauber. Christobal ist Junggeselle. Fast meinen wir, dass er gestern Abend noch aufgeräumt hat, um uns sein Zuhause vorzuführen. Aber die Maiskolben, deren Blätter paarweise akkurat zusammengeflochten sind, zeugen von ausgesprochener Ordnungsliebe. Wir werden mit Nüssen und geröstetem Mais bewirtet, dann zeigt uns Christobal, der ein ausgezeichneter Weber ist, die Schmuckstücke seiner Webkunst. Auch er möchte gern, dass wir ein Foto machen. Wir hoffen, dass er dazu seine prächtige Indiotracht anzieht. Christobal ist wortkarg, ein Einzelgänger. Er erklärt nicht, was er vorhat, er macht, was er will und wir fügen uns. So kommt es zustande, dass er zwar den Eckart mit einem wunderschönen Poncho, gewebter Tasche und Filzhut bekleidet, er selbst aber erscheint in einem relativ eleganten, grauen Straßenanzug, der gar nicht zu ihm passt. Dann postiert er uns zum Foto: Unten in der Tür des dreistöckigen Hauses muss Lucia stehen, auf der ersten Galerie werden Eckart und Christobals Mutter aufgestellt, er selbst steht auf der obersten Galerie in strammer Haltung, Hände an der Hosennaht. Ein unlogisches Foto, aber so wollte es Christobal.

Während sich Lucia nun von uns verabschiedet, weil sie über den Berg nach Charazani wandern und dann nach La Paz zurück muss, begleitet uns Christobal mit seinem Pferd hinunter ins Tal. Es geht sehr steil abwärts. Von hier aus bewundern wir noch einmal die schöne Lage dieses weltfernen Dorfes. Noch schöner ist es unten, wo der kleine Bergfluss springt und schattige Bäume die Hitze mindern. Eigentlich bin ich voller Unruhe, denn der Heimweg ist weit, aber erst müssen wir rasten, während Christobal für uns frische Maisstiele schneidet. Man schält sie und kaut auf den inneren Pflanzenteilen herum, die einen sehr frischen, leicht süßlichen Saft hergeben. Beim Aufstieg werden sie mir wohltun. Dann holt er aus dem sandigen Boden eine dort verborgene, lange Bambusstange und schlägt damit harte, grüne Äpfel von dem Apfelbaum, der hier als große Seltenheit steht. Auch diese müssen wir mitnehmen, obwohl sie kaum essbar sind. Rührender Christobal, wenn du wüsstest, wie viele schöne Äpfel mir mein Garten im vorigen Sommer bescherte! Ich glaube, Christobal freute sich sehr über unsere Gesellschaft, aber wir waren doch erleichtert, als er uns endlich zu der kleinen Flussbrücke führte, bei der wir uns verabschiedeten und den steilen Zickzackpfad nach oben antraten. Vor uns lag einer der schönsten Wege, die wir gingen. Nach Überwindung des Steilstückes liefen wir höher als sonst, fast in der Höhe von Chullina am Berg entlang und hatten eine wunderbare Aussicht auf die gegenüberliegenden Hänge. Es gibt ja fast nirgends Wald, nur in den Dörfern stehen vereinzelte Eukalyptusbäume, die als dunkelgrüne Flecken im sonst rötlich-grünen Berg erscheinen. Rötlich dort, wo die Erde zu trocken und nicht mehr bebaubar ist. Besonders eine Stelle beeindruckte mich sehr: ein großes, rechteckiges, mauerumzäuntes Stück Land mit Lehmhütten darinnen, vollkommen ohne Grün, vertrocknet, verlassen, lebensfeindlich. Ansonsten von unten bis weit hinauf kleine Felder, unzählige Terrassen, Grün in den verschiedenen Nuancen, ein Abbild unermesslichen menschlichen Mühens. Die Höhenunterschiede zwischen Dorf und Feldern sind enorm. Jeder Arbeitstag auf dem Feld beginnt oder endet mit mühsamen, langen Aufstiegen. Zu diesen Schwierigkeiten des Campesinos kommt die Abhängigkeit vom Regen, der sowohl zu starken Erosionen führen als auch gänzlich wegbleiben kann. In Potosi zum Beispiel, einer ehemals durch Silberbergbau sehr reich gewordenen Stadt, hat es in diesem Jahr zwölf Monate nicht geregnet. Es gibt keinerlei Ernte. Zur Zeit bekommt die Bevölkerung zehn Liter Wasser pro Familie täglich zugeteilt. Da jetzt in Bolivien Spätsommer ist und der Winter Trockenheit bedeutet, ist mit einer Änderung frühestens im Dezember zu rechnen.

Ich berichtete schon von den Wolken, die aus dem Tropischen heraufziehen. Dieser Luftfeuchtigkeit hat der Wald, der unweit vom Chorejon beginnt, seine Existenz zu verdanken. Wir besuchen ihn an einem Spätnachmittag. Die Bäume, deren Art uns vollkommen unbekannt ist, sind nicht groß, aber das Besondere daran ist, dass ihre Stämme und Äste alle mit einer breiten Moos- und Flechtenschicht umwachsen sind. Auch der Boden ist mit einer 30 bis 40 Zentimeter hohen, weichen Moosschicht bedeckt. Wir krochen ein Stückchen in diesen Zauberwald hinein und fühlten uns voll im Urwald. Herrliche Farne verschiedener Formen, mehrere Adler über uns, dazu die aufdringlich schnarrenden Zikaden, die immer gegen Abend auftauchen und unwahrscheinlich schnell hin- und herfliegen. Das alles gefällt uns sehr. Aber als es zu dunkeln beginnt, kommt uns zu Bewusstsein, dass hier im Walde der Puma lebt. Also der Berglöwe, der sich schon hin und wieder ein Stück Vieh vom Dorfe geholt hat. Da bekommen wir doch ein bisschen Angst und eilen nach Hause. In der folgenden Nacht ist es zwar nicht der Puma, der uns stört, dafür beunruhigt uns ein Stinktier, das offensichtlich um die Hütte schlich und mit dem Hund in Konflikt geriet. Es stank penetrant, aber erst Cecilio klärte uns am Morgen über die Art des Ruhestörers auf.

Am nächsten Tag unternehmen wir den Aufstieg zum Viertausender über uns. Er hat keinen klangvollen Namen aufzuweisen, aber es lockte mich sehr, einfach oberhalb von Chorejon weiter in die Höhe zu steigen. 8 Uhr starteten wir, suchten zunächst den Pfad, der von Chullina kommt, und liefen dann pfadlos über Felsen und steile Grasflächen. Wundervolle Blumen gibt es auch hier oben. Eckart suchte eine Pflanze unter einer Felswand, die er schon im Januar bewundert hatte. Sie blühte auch jetzt im März noch als eine rote Halbkugel mit vielen Ausbuchtungen. Dabei hat sie brennende Blätter wie unsere Brennnessel. Als wir etwa 3.900 Meter erreicht hatten, wurde es mir doch ein bisschen schwindlig im Kopf – zu viel Sonne, zu schnell gegangen?

Nach einem weiteren Steilstück öffnete sich das Gelände zu einer grünen Matte mit einem tiefblauen See. Darüber erhebt sich die höchste Bergkuppe in weitem Umkreis, die wir nun ansteuern. Eckart eilt vorweg, ich ziehe langsam nach. Wie ich seinen Rastplatz erreiche weiß ich, warum er es nicht erwarten konnte: Von hier aus ist der Akimani zu sehen, ein Fünftausender mit Gletscherfluss und Bilderbuch-Himmelsblau dahinter. Wir sind über diesen Anblick ergriffen, halten hier Mittagspause mit gerösteten Weizenkörnern, Apfelsinen, dem letzten Brot und Käse. Nun ist's nur noch eine viertel Stunde bis zum Gipfel. 13 Uhr sind wir oben, etwa 4.100 bis 4.200 Meter hoch. Anders als auf Alpengipfeln dieser Höhe mit Wind, Schnee und Kälte ist es hier herrlich warm. Man kann im trocknen Gras sitzen und möchte ewig verweilen. Der Rundblick ist vollkommen. Zum ersten Male schaue ich nun tief hinunter in andere Täler, deren Hänge bewaldet sind. Auf unserer Hangseite erstreckt sich eine weite offene Fläche, die Hatunpampa (Große Wiese). Der Gipfel, auf dem wir stehen, gehört zu einer Verwerfung, die die Hatunpampa begrenzt. Daneben geht es steil abwärts zu dem blauen See, der nun unter uns liegt. Wie wir beide da hochbeglückt stehen und schauen, sehen wir einen Schatten über die

Wiese gleiten, blicken gleichzeitig nach oben. Nun sehe ich zum ersten Mal einen Condor, der ohne einen Flügelschlag direkt über uns hinwegschwebt. Mit großer Geschwindigkeit strebt er der Ferne zu, für mich ein einmaliges Erlebnis.

Als wir uns zum Abstieg durchringen weiß ich, dass dies der Höhepunkt meiner Reise gewesen ist.

Wir steigen nun zum glasklaren Titihuacan-See hinunter. Ich würde gerne ein bisschen baden, aber Eckart warnt mich: Dies ist ein heiliger See. Hier kommen die Indios, streuen Cocablätter aus und bitten um Regen, wenn es zu lange trocken ist. Da aber niemand in weiter Runde zu sehen ist, laufe ich doch ein Stückchen ins Wasser, stelle aber erschreckend fest, dass ich tief einsinke. Der Boden ist eine Art Fließsand, so dass ich schnell wieder umkehre. Hat mich der See gewarnt und abgewiesen?

Nach zwei bis drei Metern wird er übrigens sehr tief, seine Farbe ist ein unergründliches Hellgrün.

Nun besinnen wir uns unserer Pflicht, die nebenbei erledigt werden sollte: Stanislas' zwei Pferde suchen und nach Hause bringen. Sie leben nämlich hier oben, ernähren sich selbst und werden geholt, wenn sie gebraucht werden, was meist ziemlich schwierig ist. Um es gleich vorweg zu sagen, wir haben sie nicht gefunden!

Stunde für Stunde sind wir gelaufen, in dieses Tal, hinter jenen Hügel, wieder über die Verwerfung hinauf auf die große Wiese. Sahen wir in der Ferne Tiere stehen, waren es beim Näherkommen Kühe oder fremde Pferde. Auch die Bauern, die hier arbeiten, konnten uns keine Auskunft geben. Hier sah ich bei der Gelegenheit einmal, wie der Grasboden abgeschält und zu neuem Ackerland bearbeitet wird. Es arbeiten immer Dreiergruppen: zwei Männer stechen mit einer Art Spaten den Grasboden los, eine Frau nimmt die Grassoden mit den Händen, dreht sie um und schichtet sie aufeinander, so dass Furchen entstehen, fertig zum Kartoffellegen. Wie üblich zogen am Nachmittag die Wolken auf, wir liefen im Nebel, froren, fanden keine Pferde und kehrten nach zehn Stunden recht müde heim.

Begegnungen

Die wenigen Wege zwischen den Dörfern sind verhältnismäßig belebt. Begegnet man sich, grüßt jeder jeden. Meist bleibt man zu einem kurzen Gespräch stehen.

Eckart kennt natürlich viele Einheimische und stellte mich als seine Mutter vor. Immer wieder streckten sich mir dann die Hände entgegen. Am Auffälligsten war das beim Pastor. Wir hatten uns schon mit Handschlag begrüßt, aber nach Eckarts „Mi madre", gab er mir nochmals mit herzlicher Gebärde seine Hand. Das berührte mich immer wieder sehr. Meine ich doch, dies als ein Zeichen von Eckarts Beliebtheit verbuchen zu können.

Hin und wieder holen sich die Indios medizinische Hilfe. So auch ein älterer Mann, der über Schwindel und Kopfschmerzen klagte. Es war mir nicht ganz wohl dabei, als ich ihm Schmerztabletten gab. Ursachenbekämpfung wäre mir lieber gewesen, aber das lag nicht in meiner Macht. Er aber war voll des Dankes, küsste mir die Hände mit immer wiederholten „Gracias Señora". Sicher wird die Tablette ihm bald wunderbare Erleichterung gebracht haben und in ihm vielleicht die Vorstellung erzeugen, europäische Medizin sein das einzig Wahre. Ich hingegen wünschte, die Indios würden ihr Wissen um die Heilkraft der Kräuter bewahren, denn gerade diese Gegend ist besonders reich an Heilkräutern. Ich selbst konnte einmal meine Leibschmerzen spontan mittels einer Pflanze vertreiben, die mir Eckart hinter dem Haus pflückte.

Ein andermal sprach uns eine sehr alte Chola an, klagte über Zahnschmerzen und zeigte uns ihr völlig zerstörtes Gebiss. Auch begegneten wir hin und wieder jammervollen Gestalten, unterernährt und zerlumpt, wobei das verräterische Grün ihrer Zähne den Hinweis auf ihr zerstörerisches Cocakauen gab. Aber solche armen Menschen sahen wir nur ganz vereinzelt.

Einmal kamen uns zwei Männer mit zwei Eseln entgegen. Auf dem Esel wurde ein Huhn transportiert, dessen Füße mit Stricken zusammengebunden waren. Während wir uns unterhielten, hörte ich ein Piepsen und suchte nach einem jungen Vögelchen am Wegesrand, bis ich einen kleinen, laufenden Sack entdeckte. Da war ein Küken drin, gut gesichert für den Weg.

Mit Kümmernis denke ich an Abelino, einen Indio aus Charazani, der in Chorejon das Haus gehütet hatte, als Eckart mich in La Paz abholte. Am Abend unserer Ankunft, als wir todmüde nach der Camionfahrt und dem fünfstündigen Aufstieg mit all dem Gepäck oben angekommen waren, hatte ich ihn nur beim Kerosin- und Herdfeuerschein gesehen. Er hatte ein Viscacha, ein kleines Nagetier, geschossen und für uns zubereitet, hatte mit uns zu Abend gegessen und dann in der Küche geschlafen. Am nächsten Morgen frühzeitig war er nach Charazani abgestiegen. Ich hatte ihn nicht mehr gesehen. Es war ein böser Zufall, dass Eckart ein paar Tage später gerade für zwei Stunden in Chullina war, als ein Indio zu mir kam. Es war Abelino, aber ich erkannte ihn nicht, das heißt, ich war mir sehr unsicher. Wie gesagt, ich hatte ihn nur bei Kerzenlicht gesehen und besitze nur ein sehr schlechtes Personengedächtnis. Ich sagte ihm, dass Eckart in Chullina sei. Er deutete mit den Fingern auf seinen Kehlkopf, und ich verstand auch richtig, dass er Halsschmerzen habe. Aber in meiner verflixten europäischen Art: „Hier ist mein Haus, kein Fremder kommt über meine Schwelle!", bat ich ihn nicht herein, obwohl ich hätte merken müssen, dass der Hund ihn freudig begrüßt hatte. Er ging sehr rasch davon.

Als Eckart wiederkam, hatte er schon gehört, Abelino sei krank, hätte einen Siebenstundenweg hinter sich gehabt, nachdem er einem anderen Belgier das Haus gehütet hatte. Er hatte bei uns die Nacht verbringen wollen. Ich war entsetzt. Eckart eilte sofort wieder nach Chullina, um ihn zurückzuholen, aber er konnte ihn nicht finden. War er im Stockdunklen mit Fieber noch mal vier Stunden nach Charazani weitergelaufen? Ich habe am Abend und des nachts viel und mit bitterer Reue darüber nachgedacht, warum ich den Mann nicht hereingebeten habe, warum nicht einen heißen Tee gekocht, Medizin gegeben, ihm Obdach angeboten? Ist man im Ernstfall so wenig christlich, nicht fähig, spontan dem Mitmenschen die Tür zu öffnen? Soviel Bedenken, soviel Wenn und Aber? Wie wir später erfuhren, hatte Abelino doch in Chullina Unterschlupf gefunden. Eckart erklärte ihm brieflich mein Verhalten. Ich schickte ihm Halstabletten, aber mir blieb das bittere Gefühl, als Mitmensch versagt zu haben, und das gerade hier, wo ich überall auf das Freundlichste aufgenommen worden war. Ich bin später, wenn ich von meiner Reise erzählte, oft auf ganz falsche Vorstellungen gestoßen. Das sind doch „Wilde", sagte man mir oder „Mordbuben", und „Hatten Sie keine Angst?"

Nein, ich hatte nie Angst. Nicht, wenn ich allein durchs Gelände lief und auch nicht in La Paz, wo wir eine halbe Nacht auf der Straße zubrachten und bisweilen durch dunkle Gassen liefen. In einer westlichen Großstadt hätte ich das nicht tun mögen, zumal nicht mit Handtasche und Gepäck.

Erlebnisse in Charazani

Allmählich müssen wir schon wieder die Fahrt nach La Paz vorbereiten. Da stellen wir fest, dass für die Zeit der Abwesenheit nicht genug Maismehl für den Hund im Haus ist. Also müssen wir vom Lager in Charazani Nachschub holen, das bedeutet acht Stunden Wegzeit. Bei heißem Wetter kommen wir ziemlich verschwitzt in Charazani an und betreten zunächst einen Hof, wo ein deutscher Botaniker mit Jeep wohnen soll. Vielleicht gibt es eine Mitfahrmöglichkeit nach La Paz im Jeep, um die LKW-Fahrt zu vermeiden. Unsere Überraschung ist groß: Wir stehen in einem schmucken Hof, das langgestreckte Haus hat Fenster und Gardinen. Aus der offenen Tür ertönt Mozart-Musik. Wir werden freundlichst von der Münchnerin mit Nescafé und deutschem Napfkuchen bewirtet und genießen dies sehr. Mit dem Jeep klappt es leider nicht, der Botaniker von der Münchner Universität ist damit unterwegs. Er arbeitet mit an der Bestandsaufnahme von Boliviens Flora, welche noch nicht erfasst ist. Entomologen (Insektenkundler) haben sie nicht dabei, das hätte ich gerne gemacht!

Nach diesem deutschen Intermezzo geht Verschiedenes schief. Wir haben zwar den Schlüssel für das Vorhängeschloss am neuen Lagerraum, aber da hat irgendwer zusätzlich das große Türschloss verschlossen. Dieser Irgendwer ist nicht aufzufinden. Zwei Cholas bemühen sich rührend um uns. Aller zehn Minuten kommen sie mit irgendwelchen Ungetümen von verrosteten Schlüsseln, die sie aus dem Ort holen. Aber keiner passt. Ich hätte nie gedacht, dass es in einem so entlegenen Städtchen so viele verschiedene Schlösser gibt.

Schließlich holt eine junge Frau einen Handwerker, der mit Hammer und Eisen das Schloss abmontiert. Wir laden zwei Rucksäcke voll Maismehl und eilen von dannen. Wir wollen noch Brot kaufen. Aber es gibt erst in einer halben Stunde wieder Brot und solange können wir nicht warten, denn es ist inzwischen 17 Uhr, 19 Uhr wird es dunkel. Wir haben zwar wieder kein Mittagessen gehabt und für morgen kein Frühstücksbrot, aber das hilft nun nichts. Auch müssen wir morgen wieder nach Charazani, denn auf dem Marktplatz stand ein Camion. Wie wir erfuhren, will der Sonntagnacht ein Uhr starten. Der nächste Camion soll dann erst am Mittwoch fahren, und das ist zu spät für mich, denn Donnerstag früh startet meine Lufthansa-Maschine. Schade, so geht mir ein Tag von Chorejon verloren. Jetzt rennen wir bergab in einer Stunde bis Playa, verschmerzen uns die Rast am Fluss und steigen hastig bergauf. Es ist kein schönes Gefühl, im Dunkeln einen Gebirgspfad zu gehen, dazu mit leerem Magen und vollem Rucksack. Dennoch erreichen wir schon 20 Uhr Chullina. Es ist jetzt stockdunkel. Erst müssen wir noch das Gewehr zurückholen, das wir verborgt hatten, stolpern durch die engen Gassen. Überall kläffen die Hunde fürchterlich, man fühlt sich von fletschenden Zähnen umgeben. Wir kehren kurz bei Natividad ein, denn ihr Mann will diesmal unser Anwesen hüten, wenn mich Eckart nach La Paz begleitet. Natividad sitzt wieder neben dem Herd, in dem nun kein Feuer mehr brennt, so dass der Raum bis auf die ein Zentimeter große Kerosinflamme dunkel ist. Nur mit Mühe können wir die Gestalten der Kinder von den umherliegenden Bündeln unterscheiden. Abends macht alles einen noch trostloseren Eindruck als am Tage. Ich muss an europäische Feierabende denken mit strahlender Helligkeit in allen Räumen, mit Fernsehen, Radio und Überangebot von Unterhaltung und Gedrucktem, das uns fordert und nervlich nicht zur Ruhe kommen lässt. Ein gesundes Mittelmaß zwischen diesen Extremen wäre sicher erstrebenswert. Cecilio ist noch in dem Laden, den er betreut und der an unserem Wege liegt. Bei einer brennenden Kerze verhandelt er mit einem anderen Mann und dann mit Eckart. Im Laden steht ein Tisch mit Kerzen, Streichhölzern, Kernseife, Waschpulver, auf der Erde stehen noch ein oder zwei Säcke, damit erschöpft sich fast das Angebot. Cecilio bestellt in gewohnter Muße und Gründlichkeit bei Eckart Kleinigkeiten, die er aus La Paz mitbringen soll, während ich müde, hungrig und frierend warte. Nach dem schnellen Aufstieg ist die Schwitz-Frier-Reaktion besonders groß. Wir haben noch eine halbe Wegstunde vor uns, müssen Feuer machen, Essen für uns und Maisbrei für den Hund kochen. Das arme Tier hat den ganzen Tag fast nichts bekommen. Aber erst baut uns Cecilio noch eine „Laterne", indem er eine Kerze geschickt mit Papier umwickelt, so dass sie vom Wind nicht ausgeblasen wird. Dass das Papier nicht anbrennt, ist mir rätselhaft. Erst 200 Meter von Chorejon passiert es, und jetzt merken wir, wie gute Dienste die Laterne tat. Nur tastend und stolpernd erreichen wir unser Zuhause, freudig vom Kätzchen begrüßt, das uns auf der Mauer entgegenkommt.

Wie gefürchtet war es nach 23 Uhr geworden, ehe wir gekocht, gegessen und uns gewaschen hatten. Der nächste Morgen ist nun schon der Abschiedstag von Chorejon mit Packen und allerlei nötigen Verrichtungen. Eckart ist in Sorge, ob er alles erledigt hat für mindestens eine Woche Abwesenheit. Dem Hund entfernen wir noch einige große Holzböcke, jäten die Zwiebelbeete und verlassen 14 Uhr schweren Herzens diesen vertraut gewordenen, winzigen Platz am Ende der Welt. Hier wäre ich gern noch viel länger geblieben! Gleich beim ersten Aufsetzen des Rucksacks merke ich, dass ich schlapp bin und der Rücken schmerzt. Ein Ruhetag nach der gestrigen Anstrengung wäre gut gewesen. Wir haben zwei volle Rucksäcke, das schwere Gewehr (zum Weiterverborgen), den Fotobeutel, meine große Handtasche und einen Beutel mit Orangen zu tragen. In Chullina ist von Cecilios Familie nur das kleinste Kind zu Hause. Bei strahlendem Wetter liegt der Kleine in der dunklen Hütte und wimmert leise vor sich hin. Er tut mir so leid, ich möchte ihn ins fröhliche Tageslicht tragen. Während wir noch die letzten kleinen Geschenke auf einer Kiste aufbauen und ein paar Anweisungen für Cecilio in großer, deutlicher Blockschrift aufschreiben, kommen die beiden größeren Kinder und holen das Kleine auf den Hof. Dort sitzen sie alle Drei im Dreck, wo auch wieder die Schweine umherlaufen, aber der Junge ist so zärtlich zu dem kleinen Bruder und scherzt mit ihm, dass ich mit dem Gefühl davongehe: Hier fehlt es an Vielem, aber die Liebe ist zu Hause.

Den Hund bei Cecilio zu lassen gelingt uns nicht. Vom Strick reißt er sich los und kommt uns nachgeschlichen. Obwohl wir sein Futter gestern von Charazani nach Chullina getragen hatten, müssen wir ihn nun doch nach Charazani mitnehmen, denn wir sind schon zu weit gegangen, ehe wir entdecken, dass er uns in vorsichtigem Abstand folgt. Der Aufstieg fällt mir heute besonders schwer, wohl weil der Rücken schmerzt. Erst gegen 18.30 Uhr erreichen wir den Ort. Auf dem Marktplatz steht der Lastwagen bereit. Wir verhandeln mit dem Fahrer, ob wir auch hier einen Platz in der Fahrerkabine bekommen können. Aber, o Schreck, der Mann ist betrunken. Er wird von einem anderen gestützt. Mir wird angst und bange. Ein Uhr nachts, also in sechs Stunden soll er am Steuer des Camion sitzen? Und dann die halsbrecherische Fahrt über die Andenpässe? Ich komme mir wieder vor wie in dem Trichter, der immer enger und bedrohlicher wird und aus dem es kein Zurück gibt.

Beim Sachenpacken, nun wieder in meinen Koffer, in dem Mietraum, in welchem noch alles vom Umzug her durcheinander steht, ist es stockdunkel. Gerade das hatte ich vermeiden wollen. Schließlich schleppen wir uns, ganz dick für die Nachtfahrt angezogen, mit Wecker, Laterne und Brot ausgerüstet zu Abelino, der am Ende des Ortes wohnt. Er hat uns zum Abendessen eingeladen. Erschöpft und hungrig kommen wir erst gegen 20 Uhr bei ihm an und merken mit Entsetzen, dass die Familie schon schlafen gegangen ist. Offensichtlich hat man uns schon viel eher erwartet. Abelino, das ist der Mann, dem ich so unfreundlich begegnet war, bleibt im Bett sitzen. Carmen steht auf und beginnt zu wirtschaften. Ich sitze recht apathisch auf einem Stuhl und weiß nicht recht, ob ich hungrig bin oder ob mir übel ist. Sicher hatte die Spinatmahlzeit zu Mittag nicht recht vorgehalten. Das Gespräch zwischen Eckart und der Familie (ein aufgeweckter Junge von neun Jahren gehört noch dazu) tropft spärlich durch die müde Atmosphäre, während Carmen rührend tätig ist. Hier gibt es sogar eine Gasflasche und eine Kochflamme. Aber es dauert lange, bis das Wasser im Kessel kocht. Der Anistee ist eine Wohltat, aber danach erst werden die

Pellkartoffeln aufgesetzt. Da ich kaum mehr sitzen kann, verfrachtet man mich auf eine Liegefläche, die freigeräumt wird. Obwohl ich Scheu vor den Flöhen habe, bin ich für's Liegen dankbar und nehme im Halbschlaf wahr, dass Carmen Zwiebeln und Eier auf der Flamme brät. Es ist dies ein reiches Essen. Nur weiß ich nicht, wie ich die Pellkartoffeln essen soll. Mit Schale? Carmen hat sie nur kurz in einer kleinen Schüssel abgespült, aber dann sehe ich, wie Abelino sie mit den Fingernägeln schält und bin froh, unserem armen Hund wenigstens die Kartoffelschalen und heimlich ein Stückchen Brot geben zu können. Hier in Abelinos Häuschen ist die Armut nicht ganz so groß. Es gibt ein richtiges Holzbett, mehr Küchengerät, auch Essensvorräte und vor allem Eier, die Carmen aus einer Kammer über uns holt. Aber Strom gibt es hier auch nicht, obwohl ein Generator von 19 bis 22 Uhr den Ort erleuchtet.

Im Laufe des Abends klagt Eckart über Schwindelgefühl, und mich durchfährt ein eisiger Schreck: Er hat im Lagerraum mit der Hand Rattengift gestreut, später mit der anderen Hand Trockenbrot gegessen. Auf seine Bitte hin hat ihm dann Abelinos Junge Waschwasser gebracht; eine kleine Pfütze in einer winzigen Schüssel. War das alles doch zu leichtfertig gewesen? Hat Eckart eine Vergiftung? Alle Konsequenzen jagen mir durch den Sinn, aber sein Zustand wird besser, als er sich ebenfalls hinlegt. Es ist wohl „nur" Überanstrengung bzw. Hunger gewesen. Eigentlich hatten wir noch einmal in dem ausgeräumten Mietraum schlafen wollen, aber nun ist es schon nach 22 Uhr, nur noch zwei Stunden Schlaf liegen vor uns, denn 1 Uhr soll ja der LKW starten. Die freundlichen Gastgeber bieten uns an, bei ihnen zu schlafen. Ich frage nach einem Banjo, sagen wir mal nach einem Abort, das ist wohl die beste Bezeichnung für das, was ich erwarte. Carmen nimmt eine Laterne, ich folge ihr. Zu meinem Erstaunen führt sie mich zum Hof hinaus, beleuchtet mir mit großer Sorgfalt den Stieg zur Straße hinunter, dann laufen wir ungefähr fünfzig Meter ortsauswärts. Dort hockt sie sich an den Straßenrand, ich ein Stückchen daneben, alles unkompliziert! Ich empfinde dadurch eine wohltuende Vertrautheit mit der mir vorher unbekannten Frau einer anderen Welt.

Abelino, Carmen und der Junge kriechen dann zusammen in das Bett, Eckart und ich in unsere Schlafsäcke und stellen den Wecker auf Mitternacht. Ich halte es nicht für möglich: Kurz vor dem Weckerklingeln ratscht ein Steichholz, Carmen zündet das Kerosinlicht an. Wie rührend nehmen uns diese einfachen Menschen auf und tun für uns, was sie können. Ich streiche Carmen zum Abschied ein wenig über's schweißnasse, schwarze Haar, dann schleichen wir hinaus in die Nacht, stopfen Chaska, unsere liebe Hündin, mit Gewalt zurück in den Hof, wo sie bleiben soll, und stolpern zum Marktplatz. Unterwegs nehme ich den unbeschreiblichen Duft der weißen Trichterblüten eines Busches wahr, den mir Eckart schon gezeigt hatte. Vom Duft war am Tage nichts zu merken, aber jetzt verströmt er ihn in die Nachtluft und verwandelt die ärmliche Dorfstraße in einen Paradiesgarten. „Amapoya" nennen die Indios diesen Baum oder Busch. Bei uns heißt er Engelstrompete oder Datura, aber das stellte ich erst viel später fest, als ich solche Gewächse auch im eigenen Garten hatte.

Ab 0.30 Uhr sitzen wir dann auf den Bänken des Marktplatzes von Charazani, eng zusammen in eine Decke gewickelt, um uns gegenseitig zu wärmen. Im Camion schlafen etliche Leute; in einer kleinen Dorfschänke erzählen, trinken und singen einige Männer bei offener Türe. Auf den Nachbarbänken bereiten drei junge Israelis Tee auf ihrem kleinen Kocher und bieten uns davon an. Dankbar für die warme Aufmunterung kommen wir mit ihnen ins Gespräch. So vergeht der Abfahrtszeitpunkt 1 Uhr. Vom Fahrer keine Spur. Ich muss an dessen betrunkenen Zustand denken und stelle mir vor, wie er jetzt seinen Rausch ausschläft. Die Israelis kriechen in ihre Daunenschlafsäcke und begeben sich auf den Bänken zur Ruhe. Die Indiomänner werden zwar lauter mit ihrem Gesang, aber sie grölen nicht, es bleibt ein origineller, fremdartiger Gesang. Schließlich begeben auch sie sich auf dem LKW zur Ruhe. Der Himmel ist klar und glänzt mit einer so großen Menge von Sternen, wie wir sie niemals sehen. Ab und zu fällt eine Sternschnuppe. So vergeht Stunde um Stunde, allmählich kommt uns die Erkenntnis, dass es wohl Morgen werden wird, ehe der Fahrer erscheint. Und das ist wohl immer noch besser, als mit einem verkaterten Fahrer diese Gebirgsstraße zu passieren. Dennoch kommt Wut auf, wenn man bedenkt, dass so viele Menschen sich die Nacht um die Ohren schlagen müssen, nur weil einer gesoffen hat. Mit jeder Stunde wird es kälter, immerhin befinden wir uns in über 3.000 Meter Höhe. Ich laufe um das Viereck des Marktplatzes, das erwärmt ein bisschen, aber ist stumpfsinnig: 320 Schritte für eine Umrundung und das 21 mal. Nicht zu vergessen, auch Chaska schläft bei uns. Irgendwie hat sie sich aus Abelinos Hof herausgefunden und leistet uns Gesellschaft. Das arme Tier hat bestimmt mächtigen Hunger. Ab halb vier krähen die Hähne, von allen Seiten und immer wieder. Halb fünf zieht ein Mann mit zwei Eseln im Stockdunklen davon, ein anderer schlürft mit einer Kerze um die Hausecke in einen Winkel. Wasser wird aus einem Fenster geschüttet, hier und dort ein kümmerlicher Lichtschein hinter einem Fenster. O unvergessliche Nacht in Charazani! Ab 5 Uhr warten wir weniger auf die Abfahrt des Camion, sondern nur noch schmerzlich auf die Sonne. Sechs Uhr heißt es, der Camion fährt nicht. Die Frau, die viele Stunden in der Fahrerkabine zugebracht hatte (unsere Konkurrentin?), geht zurück in ihr Haus. Irgendwer fegt im Dunklen vor der Haustüre. So zieht der Sonntagmorgen herauf. Halb sieben erleuchtet die Sonne die höchsten Bergspitzen. Mit Ungeduld verfolgen wir, wie ihr heller Schein tiefer wandert, die Türmchen der Kirche vor uns erfasst, die weiße Fassade herunterläuft und halb acht auch auf uns fällt. Kaum je in meinem Leben habe ich den Sonnenaufgang so erwartet und so intensiv empfunden, wie die kalten Glieder warm durchströmt werden. Der Kaffee von den Israelis tut das Seine, und auf einmal ist alles gar nicht mehr so schlimm. Wir werden uns einen geruhsamen Tag machen und in der nächsten Nacht mit einem dann wohl ausgeschlafenen Fahrer, mit besserem Gefühl, auf Strecke gehen. Bis neun Uhr warten wir noch auf völlige Gewissheit, dass die Fahrt nicht stattfindet, und erleben dabei die Ankunft eines anderen Camions aus La Paz. Müde steigen die Leute herunter, abgeladen wird alles Mögliche: alte Kleinmöbel, ein Papagei an einer Kette, ein junger Hund im Karton. Freudige Begrüßung untereinander, Leben herrscht auf dem sonntäglichen Platz. Wir gehen ein Stück flussaufwärts und finden ein schönes Plätzchen im Gebüsch am Fluss, waschen uns, essen Brot und von den Apfelsinen, die wir mitgeschleppt hatten und schlafen erschöpft ein. Der Fluss rauscht so gleichförmig wie die kleinen Wellen am Meeresstrand, es wird ein erholsamer Tag. Später kommt ein älteres Ehepaar in unsere Nähe, sie waschen zusammen ihre

Wäsche, wir hören das Schlagen der Stücke auf die Steine. 17 Uhr brechen wir wehmütig auf, denn dies war nun der letzte Tag in paradiesischer Landschaft. Im Ort ist wieder das Schlafproblem zu lösen. Wir möchten nicht noch einmal Carmens und Abelinos Nachtruhe stören. Nach einigen Verhandlungen verspricht uns der junge Mann, der das kirchliche Gehöft verwaltet, die Hoftüre offen zu lassen, so dass wir ein paar Stunden im leeren Mietraum schlafen können. 19 Uhr geht im Ort das Licht an, der Generator wurde eingeschaltet, ein wahres Erlebnis! Wir gehen in eine armselige Gaststube mit einem Tisch, wo Carmen kocht. Es gibt eine gute Nudelsuppe, natürlich auch ohne Fett und Fleisch und dann Kartoffeln mit ganz winzigen gekochten Trockenfischen, Köpfe und Augen sind noch dabei. Es schmeckt widerlich, aber ich esse, weil ich die gute Carmen nicht beleidigen will. Wenn sie es nicht sieht, gebe ich dem Hund von den Fischen. Ach ja, unsere Chaska ist auch wieder da. Wir hatten sie in der Nacht und am Morgen nicht beachtet, nicht angesprochen. Sie hat es wohl verstanden und war uns zum Fluss nicht gefolgt. Carmen erzählte, gegen 14 Uhr sei sie ganz verhungert bei ihnen erschienen. Jetzt freut sie sich sehr über's Wiedersehen und die kleinen Fische. Aber mir sind sie so eklig, dass ich nur 200 Schritte von Carmen weg alles wieder erbrechen muss, und das ist sicher gut so.

Tatsächlich finden wir die Hoftür zum alten Zimmer offen. Es ist noch sonnenwarm dort. Auf dem mit unserer Silberfolie bedeckten Dielenboden schlafen wir von 20 bis 24 Uhr tief und fest. Der Wecker funktioniert. Da wir am Abend alles genauestens parat gelegt haben, um es im Dunklen wiederzufinden, geht das ganz gut vonstatten. Wir schleichen uns davon und sitzen nun die zweite Nacht auf den Bänken am Marktplatz von Charazani. Die Leute von gestern Nacht sind auch wieder da, auch die Israelis kommen bald nach uns. Es vergehen wieder zwei Stunden, dann erscheint wirklich der Fahrer. Leider kann Eckart nicht mit in der Kabine sitzen. Diese ist winzig, hat wirklich nur zwei Mitfahrplätze (eigentlich nur einen), und die Chola, die schon in der vergangenen Nacht dort gesessen hatte, will verständlicherweise nicht zurücktreten. 2.25 Uhr starten wir. Unsere arme Chaska, der ich zum Abschied nochmals ein Stückchen von unserem Trockenbrot zugesteckt habe, läuft noch ein paar Meter hinter dem Wagen her, dann gibt sie auf. Vielleicht weiß sie nun, warum sie nicht mit sollte, vielleicht auch nicht.

Die Chola neben mir bekreuzigt sich beim Start, sie tut das später auch bei jeder Kirche, jedem Friedhof und vor allem unterwegs bei den Absturzkreuzen am Straßenrand. Ich spreche mein stilles Gebet und bin froh, dass es nun wirklich losgeht, traurig, dass Eckart auf dem offenen Wagen frieren und kümmerlich hocken oder stehen muss, und entsetzt, als ich merke, dass das Kabinenfenster an unserer Seite kaputt ist, einfach fehlt. Es zieht mörderisch. Ich sitze in der Mitte, beim Schalten ist meist mein linkes Bein im Wege. Die freundliche Chola wickelt Schulter und Kopf in decke Wolltücher, auch mich betreut sie mit ihren Wolldecken. Wir kommen gut miteinander aus, führen auch Gespräche, soweit das möglich ist. Wenn es nur nicht so kalt wäre! Unheimlich ist die Fahrt, in unzähligen Kehren winden wir uns zum Altiplano hinauf. Dort liegt Raureif. Und immer wieder tauchen im Scheinwerferlicht in Decken gehüllte Gestalten am Straßenrand auf, die alle mitgenommen werden. Manchmal erkennt man sie erst im letzten Moment, sie heben sich kaum vom Gelände ab. Bei aller Kälte steht der Beifahrer, ein junger Mann mit einem ganz verkrüppelten Bein, irgendwie außen an der Fahrertür, hält sich am offenen Fenster fest und springt ab, wenn irgend etwas nicht klappt. Und das ist sehr bald der Fall: Schon nach einer Stunde gibt es einen Riesenknall, ein Reifen ist geplatzt. Fahrer und Adjutant jonglieren den Camion etwas vom Abgrund weg. Weil der geplatzte Reifen auch noch an einem Innenrad saß, dauerte es anderthalb Stunden, ehe alles ummontiert ist. Später gibt es nochmals Reifenpanne, schließlich fahren wir mit einem unbereiften Innenrad. Der Wagen ist nicht gut in Ordnung. Das Armaturenbrett ist nicht mehr beleuchtet. Ab und zu zündet der Fahrer ein Streichholz an und schaut, ob alles noch regelrecht anzeigt. Geschwindigkeit kann ich gar nicht ablesen, da rührt sich überhaupt nichts. Aber der Fahrer ist freundlich und fährt besonnen. Immer wieder stehen Leute am Straßenrand, alle werden mitgenommen, denn dieses ist die einzige Fahrmöglichkeit während der nächsten zwei bis drei Tage für all die Leute aus dieser Gegend. Es muss hinten inzwischen sehr voll und eng sein. Sicher haben alle auch in der vorigen Nacht am Wege gestanden und vergebens gewartet, und das bei größerer Kälte als bei uns in Charazani.

Die einsamen Dörfer auf dem Altiplano wirken im ersten Morgenlicht noch öder und lebensfeindlicher als im Abendlicht bei der Herfahrt. Welch ein hartes Leben, hier zu wohnen! Allmählich mit aufsteigender Sonne wird es wärmer in der Kabine, ich kämpfe gegen den Schlaf an. Die Landschaft ist so herbschön, ich möchte alles voll erschauen und in mich aufnehmen in der Annahme, dass es mich wohl kaum nochmals hierher verschlagen wird. In einem unwirklichen Wach-Schlafzustand zieht alles an mir vorüber, dazwischen träume ich, schrecke wieder auf.

In Escoma, einem Ort mit Marktplatz und Kirche, wird zwanzig Minuten Rast gemacht. Die Frauen mit ihren Kaffeeständen sind schon bereit, uns den gewohnten süßen, schwarzen Kaffee in die Emaillebecher zu gießen, dazu gibt es das übliche trockene Brötchen. Der Kaffee macht mich endlich munter. Das lange Fahrtstück am Titicacasee entlang ist wieder zauberhaft. So oft der Fahrer kurz hält, versuche ich zu fotografieren. Mittagsrast findet in Achasachi statt, hier werden auch die Reifen repariert. In einer kleinen Gastwirtschaft geht es relativ sauber zu, ein kleines Mädchen bedient. Ich esse nur Nudelsuppe, Eckart freut sich über's Schweinefleisch. Das Problem ist jetzt: Wo gibt es eine Toilette? In der Gastwirtschaft nicht, nirgends, aber da steht doch eine Schule, aus der die Kinder gerade herausströmen. Dort hinein gehe ich wie selbstverständlich und finde auch das Gesuchte, aber frage mich niemand, wie es dort aussieht. 14 Uhr ist Weiterfahrt. Die Landschaft ist jetzt flach, nur das majestätische Bergmassiv des schneebedeckten Illampu, fast 7.000 Meter hoch, ist lange zu sehen. Es scheint mir, dass wir es im weiten Halbkreis umfahren. Die Straße ist hier asphaltiert, eintönig zieht sie sich durch die Landschaft. Mir fällt auf, dass wir ganz erbärmlich langsam fahren. Ich schaue den Fahrer heimlich von der Seite an und merke, dass ihm die Augen zufallen. Im Nu bin ich hellwach, beobachte genau. Es dauert gar nicht lange, da muss ich mein mir vorher zurechtgelegtes „Atencion" rufen, sonst wären wir schnurstracks von der Straße abgekommen. Ich gebe dem Fahrer, der nun schon über zwölf Stunden am Steuer sitzt bzw. repariert hat, von meinen Teebonbons und warte auf Munterwirkung. Als ich bald darauf noch einmal mein „Atencion" anbringen muss, hat es anscheinend auch der Beifahrer gemerkt. Er klopft und klettert vom Wagen, es gibt eine kleine Pause. Vielleicht hat das Teein nun doch gewirkt, denn jetzt gibt es keinen Zwischenfall mehr. 17.30 Uhr kommen wir nach fast fünfzehnstündiger Fahrt in La Paz an. Als wir in der „Choroloque", jener übelriechenden Straße, halten, sitzt viel Volk auf dem Fußsteig, es herrscht reges Gedränge, alles ist unübersichtlich. Schließlich stellt Eckart fest, dass ihm Decke und Schlafsackbündel fehlen. Das ist in jeder Beziehung traurig und enttäuschend.

Der steile Aufstieg zu Simones Haus fällt mir heute trotz des vielen Gepäcks nicht schwer, so sehr habe ich mich inzwischen an die Höhenverhältnisse gewöhnt.

Das schlichte Zimmer, das mir damals so ärmlich vorkam, finde ich nun herrlich mit seinem richtigen Dielenfußboden, seinen verputzten Wänden und zwei Fenstern. Vor allem aber drücke ich mit Wonne den Lichtschalter!

Zwölf Stunden schlafen wir in dieser Nacht tief und fest. Nur im Unterbewusstsein nehmen die die Indiomusik draußen wahr, die in dieser Nacht als Totenmusik für einen Verstorbenen erklingt.

Wieder in La Paz

Wenn man in La Paz ist, erfasst einen unweigerlich die Hektik der modernen Stadt. Immer sind eine Menge Dinge zu erledigen. Auf der belgischen Botschaft müssen wir Briefe abgeben, aber ehe wir diese finden, ist fast ein halber Tag vergangen. Lucia, die gerade nach Lima abgefahren ist, hinterließ uns die Bitte, bei ihren Gastgebern die neue Schürze abzuholen, die sich Martha, die junge Frau in Niñocorin, als Gegengabe für ihren Webunterricht erbeten hatte. Wir müssen dazu ziemlich weit in die vornehmen Viertel fahren. Dort habe ich Gelegenheit, ein sehr schönes Haus zu betreten. Das holländisch-bolivianische Ehepaar betreut uns gastfreundlich. Durch sie erfahren wir auch von neuen Schwierigkeiten: Die Micros, also die Fahrer der kleinen Busse, streiken zur Zeit und sperren den Zugang zum Flughafen. Auf dem Lufthansabüro müssen wir nachfragen, ob mein gebuchter Flug auch wirklich stattfindet. Man bejaht das zwar, fügt aber den bedenklichen Satz dahinter: „In La Paz ist nichts sicher!"

Noch mehr trifft uns die Tatsache, dass die Post geschlossen ist. Eine große Schultafel verkündet mit Kreideschrift: „Die Postangestellten haben ihr Märzgehalt (wir schreiben den 20. April) noch nicht bekommen!" – Also Streik auf unbefristete Zeit! –

Für jemanden, der Wochen ohne Postverbindung zubringt, dann stundenlang läuft, eine beschwerliche LKW-Fahrt überstehen muss und dann das kleine Nadelöhr der Verbindung zur Heimat und der übrigen Welt verschlossen vorfindet, ist das eine sehr harte Enttäuschung. Auch kann keine Post ins Ausland aufgegeben werden, denn die nach Erdteilen differenzierten Briefkästen befinden sich im Inneren der Post. Auch die Suche nach einem Friseur für mein verschlampertes Haar erweist sich als kolossal schwierig. Erst als ich eine gut frisierte Dame um Auskunft bitte, gelange ich in einen versteckt gelegenen, aber recht gut geführten Frisiersalon, wo man sogar Englisch spricht. Wer natürlich in den modernen internationalen Hotels wohnt, hat diese Schwierigkeit nicht.

Und dann der Weg zur Polizei! Wir möchten den Verlust von Decke und Schlafsack anzeigen, um bei unserer Reiseversicherung Ersatzleistungen zu beantragen. Das Gebäude zu finden ist besonders schwierig. Erst nach vielem Fragen stehen wir vor der Polizeistation, die jeglichen Hinweisschildes entbehrt. Natürlich ist sie geschlossen, wir müssen ein zweites Mal dorthin, finden viele Leute herumstehend, aber alle Amtszimmer stehen offen, so dass wir zielstrebig auf den ersten Beamten zugehen. Was sich dann abspielt, ergäbe eine kleine Erzählung für sich. Wir werden von Raum zu Raum weitergereicht, müssen zu Protokoll geben, mühevoll erklären, welches nun der Name in meinem Ausweis ist, dann wieder warten. Als nächstes müssen wir in einem Geschäft, etliche Ecken weit entfernt, einen Protokoll-Papierbogen und eine Gebührenmarke kaufen, dann wird die erste Beamtenunterschrift geleistet. Das Papier wandert ins Zimmer des Chefs. Kommen und Gehen, nochmals Nachfragen durch einen anderen Beamten, schließlich die zweite Unterschrift mit schwungvollem Kringel darunter. Dann bekommen wir das Papier und werden freundlich mit Handschlag verabschiedet. Das Papier zeigt uns, dass unser

Fall der 6.672. ist. Alle Zahlen sind in Buchstaben geschrieben, meine Passnummer hat 56 Buchstaben, das Datum, das drei Mal erscheint, beansprucht je 44 Anschläge, aber nun haben wir alles amtlich und zu Hause etwas vorzuzeigen. Die Reiseversicherung hat übrigens diese Verlustanzeige anerkannt.

Am Abend gehen wir ins Kino. Ich habe zwar Sorge, nichts zu verstehen, denn im Film wird Quechua gesprochen, aber die spanischen Unterschriften sind für mich gut verständlich. Der Film wurde von linken Studenten gedreht und war lange Zeit verboten. Jetzt, nachdem die Militärregierung die Staatsführung an den demokratisch gewählten Präsidenten abgegeben hat, wurde er freigegeben. Die Handlung spielt in den Bergen Boliviens und zeigt an einem extremen Beispiel die Entrechtung der Indios durch die Großgrundbesitzer. Die Campesinos versuchen zunächst auf friedlichem Wege ihr Recht zu bekommen, erleiden dabei aber Schiffbruch, werden nach und nach kämpferischer, schließen sich teilweise Guerilleros an, unter denen sich auch Che Guevara befindet, und werden in amerikanisch gelenkten Gefechten vernichtet. Am Ende des Filmes klatschen die zahlreichen Besucher Beifall. Und ich kann sie verstehen! Zugegeben, der Film ist tendenziös angelegt und spricht in starkem Maße die Gefühle der Zuschauer an, aber leider sind die geschilderten Vorkommnisse nicht aus der Luft gegriffen, sondern haben stattgefunden und finden noch statt. Wenn jetzt kommunistisches Gedankengut gezielt dorthin getragen wird, wo Armut und Unterdrückung generationenlang besten Nährboden gebildet haben, dann darf es wohl nicht verwundern, wenn diese Ideen dort aufgegriffen und als eine Möglichkeit der Befreiung von Armut und Elend angesehen werden. Vergessen wir auch nicht die ungeheure Schuld, die die Spanier als Europäer – die weiße Rasse – auf sich geladen haben, als in der kolumbianischen und nachkolumbianischen Zeit Mittel- und Südamerika erobert, ausgeplündert und versklavt wurde. Kann es wundern, dass die Indios nach so langer Zeit der Unselbständigkeit die Fähigkeit verloren haben, selbst weitsichtig zu planen, sich einen gesunden Staat mit florierender Wirtschaft aufzubauen? Ihnen zu helfen ist die Pflicht der reichen Länder dieser Welt. Statt Milliardenbeträge in eine mörderische Rüstung zu stecken wäre es besser, das steile Gefälle zwischen Arm und Reich wesentlich einzuebnen. Ich weiß, dass Viele dies glatt als Utopie beiseite schieben. Ich weiß auch, wie groß die Gleichgültigkeit derer ist, denen es gut geht und die von all dem nichts wissen wollen. Ich weiß aber auch, wie schwer die Suche nach den richtigen Wegen ist, sowohl für Institutionen – wie die Entwicklungshilfe – als auch für jeden gutwilligen Einzelnen. Die räumliche Entfernung vom Wohlstand zum Elend ist zu groß. Die Masse der Touristen kommt ja nur in entsprechend „zubereitete" Zielgebiete, wo sie nach Möglichkeit häuslichen Komfort nicht entbehrt, sogar noch oftmals in gesteigerter Form vorfindet. Wer schläft schon in einer Indiohütte? Für mich ist aber Armut nun kein fernes, lebloses Problem mehr. Ich habe ihren bitteren Beigeschmack für Sekunden auf den Lippen gespürt. Ich kann mich nicht mehr hinter das Nichtwissen wie eine schützende Mauer verstecken, sondern mein Gewissen bohrt und fragt: Wie lange wollen wir noch in üppiger Selbstherrlichkeit leben und unsere Brüder und Schwestern hungern lassen?

Sind wir Christen der Tat oder nur Sonntagsvormittagschristen? Wir müssen lernen, unser Anspruchsdenken zu reduzieren, freiwillig Verzichte zu leisten, um Hilfsprojekte nachhaltig zu fördern, von denen mir diejenigen als die besten erscheinen, die „Hilfe zur Selbsthilfe" auf ihr Panier geschrieben haben. Wem aber christliche Gedankengänge nichts bedeuten, fühlt sich vielleicht durch das Wort Humanität angesprochen oder kommt zur Einsicht lediglich aus Furcht vor kommunistischer Unterwanderung?

Schwer beladen mit solchen Gedankengängen verbringen wir den letzten Tag in La Paz. Nach viel Fragen und Suchen finden wir endlich die Straße, in der Wolldecken verkauft werden. Eckart braucht dringend für die Rückfahrt eine solche. Das ist das Eigenartige, dass jede Warenart an eine bestimmte Straße gebunden ist, so dass man lange suchen muss, um dann alles in gedrängter Fülle vorzufinden.

Zum Mittagessen sind wir bei Adrian, dem Instrumentenbauer, eingeladen. Seine Frage über meine Eindrücke ist keine beiläufige, wie wir so oft eine stellen, ohne eine Antwort hören zu wollen. Mein Denken über Land und Leute interessiert ihn spürbar. Ich bin froh, dass ich ihm über seine englisch sprechende Frau etwas von dem sagen kann, was mich bewegt.

Am Nachmittag stoßen wir auf ein junges österreichisches Paar, das mir Briefe nach Deutschland mitgeben will, wie es wegen des Poststreiks schon andere Europäer getan haben. Wir kommen schnell ins Gespräch. Sie sind gerade frisch in La Paz eingetroffen, hatten Amerika von Kanada bis Feuerland bereist, ihren Campingbus gerade nach Singapur eingeschifft, wohin sie ihre zweijährige Weltreise fortsetzen wollen. Wie viel sie wohl von den jeweiligen Ländern erfassen und begreifen? Es ist herzerfrischend, wie unkompliziert sich so ein Zusammentreffen abspielt. Wir nehmen sie mit zu „Eli's", wo wir unser Abschiedsessen einnehmen wollen. Dort sitzen wir zusammen wie alte Bekannte und freuen uns, als plötzlich der junge Mann aus den Yungas (tropisches Gebiet) erscheint, mit dem wir in den ersten Tagen hier zusammen geplaudert hatten. Die jungen Leute essen alle mit großem Vergnügen. Der jüdische Inhaber, ein sympathischer, schlanker Mann aus Schlesien, erkundigt sich nach unserem Befinden und spendiert Eckart ein Eis, weil dessen Steak gar so zäh geraten war. Mir aber schnürt es mehr und mehr den Magen zu Ich muss an den Abschied und an den langen Heimflug denken. Kurz, ich bekomme gewaltiges Reisefieber und kann gar nichts essen.

Wir hatten vergeblich versucht, im Laufe des Tages bei der Taxizentrale ein Taxi für die Nacht zu bestellen. Es hatte sich niemand gemeldet, so dass wir, um sicher zu gehen, beschließen, noch am Abend hochzufahren und die Nacht auf dem Flugplatz zu verbringen.

Fast sind uns „Banknächte" schon zur Gewohnheit geworden. Der Abschied von unseren bolivianischen Freunden ist rührend, alle kommen in unser Zimmer, bringen Briefe zum Mitnehmen und bedanken sich immer wieder für meine gebrauchten Kleidungsstücke und Schuhe, die ich ihnen da lasse. Die beiden Brüder Adrian und Gregorio bringen uns zur Hauptstraße und drücken durch reges Verhandeln den Taxipreis auf ein Mittelmaß zwischen Gringo- und Indiopreis. Müde und traurig machen wir es uns auf den Bänken im Flughafengebäude so bequem wie möglich und schlafen von 24 bis 3 Uhr, soweit man das Schlafen nennen kann. Eckart hat Halsschmerzen, kein Wunder nach der kalten LKW-Fahrt. 4 Uhr Gepäckabgabe, Kontrollen, Formalitäten. 5 Uhr Abschied. Wieder steht er hinter den großen Glasscheiben, ich auf der Gangway und winke mit großen Armbewegungen. Es ist wie ein Film, der rückwärts läuft. Auch die Gefühlsbewegungen laufen anders herum und müssen bewältigt werden.

Pünktlich 6.10 Uhr starten wir. Ich habe diesmal einen Fensterplatz, den ich sehr genieße. Schon sehe ich die orangefarbenen Lichter nicht wie sonst von unten, sondern von oben. Am Himmel leichtes Morgenrot, dazwischen dunkle, drohende Wolken. Plötzlich heller Himmel, Sonnenschein. Die Wolkenschicht ist durchstoßen. Der Abstand zur Wolkendecke wird immer größer. Später über dem Titicacasee reißt sie auf. Eine sagenhafte Reliefkarte stellt sich mir dar: tausend Bergrücken, Kanten, Flusssysteme, Straßen, später weißbereifte, dann verschneite Bergspitzen, schließlich massive Schneeberge, die Sechstausender der Anden. Dann wieder flachere, rötliche Konturen. Nach zwischenzeitlicher dichter Wolkendecke schimmert plötzlich das Meer durch ein Wolkenloch. Wir fliegen über dem Pazifik parallel zur Küste, schwenken dann leicht östlich und landen in Lima, der Hauptstadt Perus. Dazwischen gab es Frühstück: Tee, Kaffee, Butter, Schwarzbrot, Marmelade, Streichwurst, Kuchen, Weintrauben und Melone. Ich habe zwar Sorgen, ob mein vertrockneter, zusammengeschnürter Magen alles verträgt, aber ich esse, ich muss gestehen, mit Genuss und lasse auch fernerhin keine Mahlzeit aus.

Nach achtstündigem Aufenthalt in Lima, wo eine feuchte Schwüle schwer erträglich ist, ziehen unter mir Küstenlandschaften mit Häfen, unzähligen Schiffen, Buchten und Befestigungsanlagen vorüber. Dann die Berge Perus: weiße Gipfel, Gletscherflüsse, grünblaue Gletscherseen, grüne Flusstäler – es ist faszinierend!

Dazu das zweite Frühstück: Grapefruit mit Eis, Kaffee, Omelette, Früchte, Käse, Butter, Wurst, Schinken, Tomaten, Blätterteiggebäck, Semmeln, Schwarzbrot.

Ich muss an den kleinen Schuhputzjungen denken und schäme mich, dass es mir so gut schmeckt. 10 Uhr geraten wir in eine Schlechtwetterlage, müssen uns anschnallen. Es gibt fühlbare Schwankungen, aber plötzlich ist alles wieder klar. Ich wähne Meer unter mir zu haben, aber es ist der dunkelgrüne Urwald Kolumbiens. Flüsse von dunkelbrauner Farbe durchziehen in riesigen Schleifen das Urwaldgrün. Dazu rötlich-helle Straßensysteme, die sich verzweigen und an vielen Stellen mit pilzförmigen Verdickungen enden: Das sind jeweils die Baustellen, die sich in den Urwald fressen. Das ganze sieht aus wie die Gänge, die die Minierraupen ins Blattgrün fressen. Dann eine riesig klaffende, zum Himmel schreiende Waldwunde. Hier ist ein breiter Streifen Urwald abrasiert. Zurückgeblieben eine kahle, braune, erschreckende Stelle. Danach ist alles in Wolken verhüllt, erst bei der Landung in Bogota/Kolumbien erscheint eine liebliche, grüne Kulturlandschaft mit Wäldern, Feldern, Dörfern, Einzelgehöften und vielen, vielen Gewächshäusern. Ein schmaler Gebirgszug ähnelt dem Teutoburger Wald, alles gleicht europäischer Zivilisationslandschaft. Ich kann nicht leugnen, dass es mir auch gefällt. Wir brauchen in Bogota das Flugzeug nicht zu verlassen, aber wegen einer nötigen Reparatur bekommen wir Verspätung.14.30 Uhr gibt es wieder zu essen. Ich muss es aufzählen, weil es so unfassbar reichhaltig ist, weil ich von Schwarzkaffee, Trockenbrot und Wasser-Gemüsesuppe herkomme und es gedanklich nur schwer verkraften kann, dass jetzt vor mir stehen: Steak, Kartoffeln, Möhren, eine Scheibe Lacks auf Salat, Bohnen-Tomatensalat, frische Erdbeeren mit Schlagsahne, Brot, Butter, Käse, Orangensaft und Kaffee.

15 Uhr lösen sich die Wolken auf, ich sehe gerade noch die Küste Südamerikas verschwinden, erkenne eine Insel in der Karibik, berändert mit einem hellen Streifen Flachwasser, entzückend! Gegen 16.30 Uhr sind wir über der grünen Insel Puerto Rico. Der Flugplatz liegt nahe am Meer. Es empfangen uns 32 Grad feuchte Wärme beim Zwischenaufenthalt. Ich kann meinen Gedanken nachhängen. Da steigen Gestalten auf, scheinen gleichsam aus dem Buch herauszukriechen, das in meinem Rucksack steckt: „Las Casas vor Karl V.". Geschrieben von Reinhold Schneider, dem bekannten Schriftsteller historischer Themen. Da steht der Mönch Las Casas, den sie „Vater der Indios" nannten und der vor Kaiser Karl V. mit heißen Worten für die Rechte der Indios kämpfte. Und da steht ein spanischer Kaufmann, der auf seinem Krankenbett dem Mönch beichtet, wie er skrupellos von Puerto Rico aus Sklavenhandel trieb.

„Du weißt doch, Pater", lässt Reinhold Schneider ihn sagen, „dass die Spanier, nachdem ihnen die Eingeborenen Haitis weggestorben waren und sie niemanden fanden, der ihre Arbeit tat, auf den Gedanken kamen, von den Inseln, die nördlich über Haiti und Kuba liegen, sich Arbeiter zu holen

… Unter dem verängstigten Volk, das noch krank und erschöpft war von der Seereise, standen die Spanier und verhandelten die Menschen nach Kopfzahl wie Vieh. Wir kümmerten uns nicht darum, ob Eltern von ihren Kindern, Männer von den Frauen gerissen wurden; ein jeder wollte kräftige Arbeiter, und wir sahen wohl, dass die schmalen, zärtlichen Menschen, die sich aneinander klammerten wie zusammengewachsene Sträucher und Bäume, nicht einmal so lange aushalten würden wie die Eingeborenen Haitis."

Eine dunkle Vergangenheit, die da aufsteigt über den grünen Inseln der Karibik. Mehr als 400 Jahre sind seitdem vergangen.

Die Gegenwart verdrängt die Gestalten wieder, denn mit dem Start um 17.30 Uhr entschwindet der letzte Küstenstreifen Amerikas.

Wir fliegen in 10.000 Meter Höhe über das große Wasser, von dem kaum etwas zu sehen ist, denn ein Wolkengewoge verschiedener Schichten liegt dazwischen, und von der schrägen Sonne werden diese Schichten abwechselnd beleuchtet. Ein schönes, etwas unheimliches Naturschauspiel. Beim Sonnenuntergang zeigt sich der Himmel in allen Spektralfarben, ganz kurz werden einmal die untersten Wolken beleuchtet. Man hat das Gefühl, in einen ewigen Abgrund zu schauen, das Meer tief da unten ist kaum erahnbar. Ab 19 Uhr ist es dunkel. Wenn es 7 Uhr nach europäischer Zeit wieder hell wird, hat das Dunkel dieser Nacht nur sieben Stunden gedauert. Auch in diesen sieben Stunden schließe ich kaum die Augen, so dass ich bei Ankunft in Frankfurt über 48 Stunden nicht geschlafen habe. Aber ich mochte nichts verpassen, nicht das schwarze Meer unter mir, nicht den Mondschein, nicht das Gefühl unendlicher Weite, auch nicht das Stunde für Stunde durchziehende Motorgeräusch und vor allem auch nicht das Wissen, dass ich mich mit jedem Kilometer, der mich von Eckart weiter entfernt, auch dem Heimkommen nähere.

Über Deutschland liegt eine dichte Wolkendecke, dann kommen vorwiegend die Bänder der Autobahnen zum Vorschein. Jetzt dunkler Wald und dort lichtes Birkengrün, das mich entzückt. Es ist Frühling! Aber unter welch graue Wolkendecke bin ich nun geraten?

Wie kühl ist es noch an diesem 22. April.

Es dauert noch Wochen, ehe der deutsche Frühling wirklich mit Sonne und Wärme einzieht. Inzwischen werden die südamerikanischen Tage von der Erinnerung mehr und mehr vergoldet, die Eindrücke des Jammertales verblassen. Die Sehnsucht nach dem Paradiesischen wird bleiben.

Nachtrag vom Februar 1997

Ich möchte einmal erwähnen, dass ich seit dem Beginn meiner Sammeltätigkeit im Herbst 1983 bis heute insgesamt 120.359 DM für Bolivien aufbringen konnte. Neben dem Erlös meiner Vorträge und den Zuwendungen aus meinem Verwandten- und Freundeskreis bekam ich den Großteil dieser Gelder durch die Mitarbeit meiner lutherischen Kirchengemeinde in Detmold-Hiddesen, die immer wieder auch Bolivien als Empfänger der Gottesdienstkollekten einsetzte und mir auch die beträchtlichen Gewinne aus den Weihnachtsbasars zukommen ließ.

Nichts davon ging an die lieben Leute von Charazani oder Chullini. Wie auch sollte das dorthin gelangen, wo es keine Postzustellung gibt und keiner ein Konto besitzt? So begab sich Eckart im Januar dieses Jahres nach neunjähriger Pause wieder einmal auf die Reise nach Chullina, um seinen zwei Indio-Patenkindern etwas zukommen zu lassen.

Begierig hörten wir nach glücklicher Heimkehr seinen Erzählungen zu. Seine Patenkinder, Jungens im Alter von zehn Jahren, begleiteten ihn auf allen Wegen, aber da sie nur Quechua sprechen, war eine verbale Unterhaltung kaum möglich. Mit großer Freunde und Ehrerbietung empfing man Eckart. Aus seiner Erzählung: „Ich musste in dem einen Bett schlafen, in dem zweiten schliefen die anderen sechs." Oder: „Zum Sonntag gab es extra mir zu Ehren Meerschweinchen zu essen." Wir: „Aber das ist doch so ein kleines Tier!" „Es war ein großes, aber davon aßen sieben Personen."

Geändert habe sich nicht viel: Von La Paz nach Charazani fährt jetzt zweimal wöchentlich ein Bus. Er braucht zwölf Stunden. Die Fahrt ist genauso gefährlich wie mit dem Camion. Man hat viele kleine Straßen gebaut, die die alten Wanderwege durchschneiden und gefährden, weil sie nicht genügend fest gegründet sind und dadurch Schottermassen bergab rutschen. Positives ist von Playa zu berichten. Hier ist ein Bildungszentrum entstanden, das man vielleicht mit unserer Volkshochschule vergleichen könnte und das gut angenommen wird.

Chorejon, dieser geliebte Winkel „am Ende der Welt" steht leer, weil der Belgier Stanislas mit seiner Familie jetzt in La Paz lebt.

Für die Leute in Chullina ist der Alltag mit der schweren Feldarbeit noch derselbe. Natividad hat zwar ihre Tbc überwunden, ist aber stark gealtert. Ihr Gebiss ist völlig ruiniert. Cecilio macht einen müden und frustrierten Eindruck. Eigentlich haben sich die Lebensbedingungen nicht verbessert. Eine der intelligent wirkenden Töchter wollte am Abend noch so gerne lesen, aber bei einer einzigen Kerosin-Leuchte im Raum mit einem Flämmchen von kaum zwei Zentimeter Höhe ist das eben nicht möglich. Die zwei älteren Kinder machen eine ordentliche Lehre in La Paz Das Erfreuliche: Die Kinder sind munter und gesund! Ob *sie* wenigstens einer besseren Zukunft entgegengehen?

Frage in einer Kirche (1984)

Aus der Bundesrepublik kommend, besuchte ich das thüringische Städtchen Saalfeld. Ich wusste, dass die dortige Johannis-Kirche sehenswert ist, fand die Tür offen und trat ein.

Hier war ich ganz allein und vertiefte mich in die Ausstattung des Kircheninneren, als plötzlich ein Junge von ungefähr acht oder neun Jahren neben mir stand. Er musste beobachtet haben, wie ich in das Gotteshaus gegangen war. Sicher war es natürliche Neugier, die ihn veranlasste, mir zu folgen.

Er stand neben mir vor dem großen Kruzifix und fragte mich ganz unbefangen: „Warum hängt der denn 'hier?"

Ich war tief betroffen, denn jetzt war mir klar, dass dieses DDR-Kind nichts, aber rein gar nichts vom Christentum des Abendlandes wusste. Wie sollte ich antworten? Was ist verständlich für ein Kind? Meine Gedanken waren in Aufruhr, ich wollte doch nichts falsch machen. Schließlich entschied ich mich für eine „weltliche" Erklärung.

„Dieser Mann hat vor fast 2.000 Jahren gelebt und den Menschen gesagt, wie sie leben sollten, was sie nicht tun sollten, was gutes Tun sei. Das aber wollten die Menschen nicht hören und töteten ihn."

Weitere Fragen stellte der Junge nicht.

Immer wieder, jahrelang habe ich über diese, meine Antwort nachgedacht und gezweifelt: War sie zu einfach? Zu weltlich, zu weit entfernt von christlichem Gedankengut, von Jesu Bedeutung?

Sicher bin ich, dass eines Tages der Junge mit christlicher Lehre Kontakt bekam. Vielleicht erinnert er sich dann an die Erklärung einer fremden Frau, denn was sie gesagt hatte, war mindestens eine wahre Auskunft, wenn auch leider nicht mehr.

Sammeln für's Diakonische Werk (1984)

„Ist das nicht eine schwierige Sache?", werde ich bisweilen gefragt.

Es kann hart sein, bei Dauerregen oder klirrendem Frost, wenn die Füße kalt und die Hände klamm werden. Aber in diesem milden Spätherbst 1984 war's ein Vergnügen!

Zugegeben, beim ersten Male ist alles fremd, man wird auch zunächst ein wenig misstrauisch betrachtet, aber jetzt, im fünften Jahr meines Sammelns kennt man sich. Die Türen öffnen sich weiter, man weiß Bescheid, staunt nur bisweilen, dass schon wieder ein Jahr vergangen ist. Ein Jahr, in dem sich Vieles verändert haben kann! Dieses einsam stehende Häuschen zum Beispiel ist nun verwaist, kein Hündchen bellt mehr, denn die geliebte alte Dame, die sich stets über ein Plauderviertelstündchen freute, ist dahingegangen; ich erfahre unterwegs die Umstände ihres Todes. Und an jenem Haus brauche ich auch nicht mehr zu schellen, die Bewohnerinnen sind ins Augustinum verzogen. An anderer Stelle Erinnerungen: Im vorigen Jahr kam die alte Dame gerade vom täglichen Krankenhausbesuch ihres Mannes zurück, und zwei Tage später las ich dessen Todesanzeige in der Zeitung. Dieses Jahr nun sind Handwerker da, es wird angebaut, und mit Kindern und Enkeln wird neues Lebens ins stille Haus einziehen.

Manchmal ist's urkomisch: „Ich kaufe keine Eier", ruft man mir hinter verschlossener Tür zu. Und als ich dann antworte, dass ich keine Eier habe, sondern Geld sammele, wird geöffnet und gelacht.

Dann wieder stehe ich an verschlossener Tür und meine, schlurfende Schritte herankommen zu hören. Jetzt sind sie ganz nahe, aber es „schlurft" immerfort weiter. Schließlich merke ich, dass es das Atmen eines Tieres ist. Dann macht mir das leise Winseln eines Hundes bewusst, dass wir zwei uns ganz nahe sind: ich draußen, er drinnen, nur durch die Hoftüre getrennt. Armes, einsames Tierchen. Ich muss leider weitergehen.

Erschwerend sind die vergeblichen Gänge! Viermal laufe ich alle „meine" Straßen ab, um alle zu erfassen. Lieber würde ich natürlich nur bei Tageslicht sammeln, aber Berufstätige sind dann nicht Zuhause. Also beginne ich 16 Uhr und treffe auf dem Rückweg doch noch diesen oder jenen „Heimgekehrten" an. Dann ist's längst stockdunkel. Nur zögernd öffnen sich die Türen einsam liegender Häuser. Ich kann das verstehen und fühle förmlich die Erleichterung meines Gegenübers, wenn man mich erkennt.

Gibt es auch Ärger oder Schwierigkeiten?
Ja, ein ganz klein wenig schon.
Ich wundere mich, wenn Leute „erst in der Lotterie gewinnen wollen", ehe sie spenden würden. Ihr Haus liegt neu und schön in guter Wohnlage. Aber der Schein mag da trügen. Schlimmer ist es, wenn die Türe grundsätzlich nicht geöffnet wird, obwohl man das Gesicht hinter der Gardine gesehen hat oder wenn das Licht im Zimmer nach dem Klingeln gelöscht wird und niemand öffnet. Als ob man nicht Verständnis hätte, wenn jemand arbeitslos ist oder aus anderen Gründen nicht spenden kann. Das Draußenstehengelassenwerden ist deprimierend, aber dies sind Ausnahmefälle und werden schnell vergessen, wenn man an der nächsten Türe herzlich empfangen wird, wenn es ein kleines Schwätzchen gibt, oder wenn man gar merkt, dass man erwartet wurde, dass Beträge einkalkuliert und bereitgehalten wurden.

Stimmt am Ende die Kasse und hat man sein heimliches, sich selbst gesetztes „Soll" wieder einmal erfüllt, dann macht's halt wirklich Spaß. Man nimmt sich vor, im nächsten Jahr wieder dabei zu sein.

An den Quellen des Jordans (1985)

Wir – 50 Weltenbummler des CVJM-Reisedienstes – waren durch die Berge Galiläas gefahren, hatten von den Golanhöhen hinab in die frühlingsgrüne Ebene geschaut und hinüber ins syrische Gebiet, wo die Ruinen eines zerschossenen Ortes von erbitterten Kämpfen zeugten. Wir hatten die Schneegipfel des Berges Hermon bestaunt, in einem Drusendörfchen „Falafel" (Fladentaschen) gegessen. Nun ging die Fahrt hinunter ins Tal des Jordans zu einem seiner drei Quellflüsse, dem Hermon.

Hier verehrten einst die Griechen ihren Gott Pan, die Stätte hieß in helenistischer Zeit Paneas. Später baute hier Philippos, der Sohn Herodes des Großen, seine Residenzstadt Caesarea Philippi. Der heutige Name Banjas und drei in den Felsen gehauene Nischen, das ist alles, was von einstiger menschlicher Pracht erhalten geblieben ist. Aber wie vor 2.000 Jahren strömt das frische Quellwasser aus dem Berge, es sickert in großer Breite aus dem Grunde des Felsens. Eigentlich kaum richtig erkennbar, woher er kommt, ist der Fluss mit einem Male da und strömt als klares, grün-blaues Gewässer durch die zauberhafte Frühlingslandschaft. Ich halte die Hand ins Wasser. Während das kühle Nass durch meine Finger rinnt, muss ich weit zurück denken: in meine erzgebirgische Kinderzeit vor etwa einem halben Jahrhundert. Damals gab es noch Gasbeleuchtung in der „Bürgerschule" (Grundschule). Das grünliche Licht reichte in den dunklen Winternachmittagen zum Schreiben oder Lesen nicht aus. Und weil die letzte Stunde Religionsunterricht war, erzählte der Lehrer uns biblische Geschichten. Er muss ein guter Erzähler gewesen sein, denn diese stillen, dämmrigen Schulstunden sind meine stärksten Erinnerungen an die frühe Schulzeit. Gedanken und Vorstellungen wanderten weit zurück in biblische Zeiten und weit hinaus in eine schier unerreichbare räumliche Entfernung. Nie hätte ich damals gedacht, dass ich einmal den Boden des Heiligen Landes betreten würde!

Aber jetzt stehe ich am Jordanquell! Was alles liegt dazwischen, welche Lebenserfahrungen, Irrungen und Wirrungen, Freuden und Leiden, welche Bewahrungen in Nöten und Gefahren! Eine große Dankbarkeit durchströmt mein Inneres: hier darf ich stehen, gesund und fröhlichen Herzens, an der Seite meines Mannes und inmitten einer christlichen Gemeinschaft, umflutet vom Sonnenlicht des israelischen Frühlings und voll der Gewissheit:

> „Der Herr ist mein getreuer Hirt,
> dem ich mich ganz vertraue.
> Zur Weid' er mich, sein Schäflein, führt
> auf schöner, grüner Aue.
> Zum frischen Wasser leit' er mich,
> mein Seel zu laben kräftiglich
> durch's selig Wort der Gnaden."

Am Rande einer Griechenlandreise … (1986)

Ein Sonntag im März. Unsere Reisegruppe (vom CVJM) verbringt den Tag in Egion am Korinthischen Golf. Wir besuchen einen griechisch-orthodoxen Gottesdienst. Schon außerhalb der Kirche tönt uns durch Lautsprecher der fremdartige Gesang einer Männerstimme entgegen. Anweisungsgemäß ziehen wir am Kerzenverkauf vorüber, entzünden unser schmales Kerzchen und stecken es auf die bereitstehenden großen Ständer. Damit sind wir eingetaucht in eine uns fremde Atmosphäre: ein Kirchenraum voll ungewohnter Schmuckelemente, erfüllt von Bildern, Leuchtern, Hängelampen in bunter Pracht, durchströmt vom Weihrauchduft, erwärmt vom Schein vieler Kerzen, überflutet vom ununterbrochenen liturgischen Gesang. Hinter der Ikonostase steht der Priester im weiß-goldenen Gewand und bereitet eine Zeremonie vor. Frauen knien nieder und küssen die Ikonen mit dem Mariengesicht, welches aus seinem gehämmerten Silberschmuck herausschaut.

Welch eine andere Welt! Wie weit haben wir Christen uns auseinander gelebt?

Nahezu 2.000 Jahre Kirchengeschichte ziehen in Gedanken an mir vorüber: das schlichte Urchristentum, die Trennung von West- und Ostrom!

Nun sind wir wieder auf der Suche zueinander.

Ich stehe neben einer alten Frau, schwarzgekleidet, schmucklos, blasses Gesicht, edle Züge. Sie flüstert mir etwas zu, ich kann nur mit Achselzucken antworten. Von da an betreut sie mich, gibt mir Anweisung, wann ich mich setzen darf, wann wieder aufstehen muss; es ist rührend.

Wir bleiben nicht lange. Der Gottesdienst dauert insgesamt drei Stunden, während die Gläubigen kommen und gehen, wie es ihnen beliebt. Als unsere Gruppe aufbricht, nicke ich der alten Frau zum Abschied zu und empfange einen Blick, den ich nie vergessen werde: aus dem blassen Gesicht trifft mich ein Augenstrahlen voller Freundlichkeit, Zuneigung, Güte und Verständnis über alles Trennende hinweg. Da erkenne ich das unzerstörbare Gemeinsame: die Gemeinschaft in Christo!

Mein Vortrag im Gefängnis (25. Januar 1988)

Der Singkreis unserer evangelischen Kirchgemeinde hatte einen Gottesdienst in der Detmolder Justizvollzuganstalt musikalisch umrahmt, und dadurch angeregt, hielt ich in diesem Hause auch einen meiner ersten Diavorträge über Israel. Das Hindurchgeschleußtwerden durch eine Anzahl von geöffneten und wieder verschlossenen Türen ist nicht gerade erfreulich, muss natürlich sein.

Bei der historischen Einführung meines Vortrages waren meine Zuhörer recht unruhig, später zweieinhalb Stunden fast mucksmäuschenstill mit einer kleinen Raucherpause. Ich habe mich wirklich gewundert. Auch gab es Fragen: „Warum hat man die Mauern des Herodes nicht alle niedergerissen, wo er doch so ein böser Mann war?"

„Und Jesus, meinen Sie, den hat es wirklich gegeben?"

Ich bejahte und erkläre, dass die eigentlich umstrittene Frage sei, ob er Gottes Sohn und der Messias sei. „Glauben Sie das?"

Am Ende gibt mir ein junger Mann, der sich „Indianer" nennt, einen kleinen, aus Wäscheklammern gebastelten Ziehbrunnen für uns vom Singkreis und deren Leiterin mit einer Weihnachtskarte: „Sie haben wie die Engel gesungen."

Frau V., eine langjährige Betreuerin der Insassen mit vielen Erfahrungen, Idealismus und Herzensbildung, sagte mir, dass der junge Bastler so ziemlich die meisten Straftaten hinter sich habe. Man kann sich das nicht vorstellen, wenn die Männer vor einem sitzen. Einer schob mir zwischendurch einen Pott Kaffee zu, und das freute mich.

Es hatte mich auch beeindruckt, wie nach dem Gottesdienst vormals alle zur Blumenvase auf dem Altar stürzten und, was auch erlaubt war, sich um die Blumen rissen. Einer aber übergab eine ergatterte Blume der Leiterin des Singkreises.

Angst hatte ich keine, obwohl nicht alles richtig war: Der evangelische Pfarrer war um 20 Uhr gegangen, bis 21 Uhr waren Frau V. und ich allein mit den Strafgefangenen. Auch hatten wir mit den Wärtern vorher vereinbart, dass die Türe nicht geschlossen werden sollte. Aber nachdem die Gefangenen so oft hinausgegangen waren, wurde die Tür doch abgeschlossen, obwohl ich dagegen sprach. Am Ende konnten wir dadurch kein Licht anmachen, nur die Dia-Lampe brannte, und es dauerte etliche Minuten nach unserem Knopfdruck, ehe geöffnet und Licht gemacht wurde. Wenn die Dia-Lampe versagt hätte!

Ein zweites Mal habe ich das Ganze nicht wieder gemacht.

Vier Tage Berlin im November 1990
(durchwirkt mit Erinnerungen aus sechs Jahrzehnten)

Im Laufe meines Lebens habe ich über ein Dutzend Hauptstädte mehr oder weniger ausgiebig besichtigt. Nicht so Berlin! Diese Stadt war immer nur Durchgangsstation für mich gewesen, und dies in sehr unterschiedlichen Lebenssituationen.

Jetzt aber, im November 1990, verbringe ich als Mitglied der „Gesellschaft für Christlich-Jüdische Zusammenarbeit in Lippe e.V." einige Tage in Berlin, wobei das Hauptgewicht der Reise im Aufsuchen und Nachspüren ehemals jüdischen Lebens in der Stadt liegt.

Länger als erwartet dauerte die Busreise von Detmold nach Berlin, denn so kurz nach der Wiedervereinigung von West- und Ostdeutschland sind die Zufahrtsstraßen nach Berlin dem Ansturm keinesfalls gewachsen. Baustellen lassen lange Warteschlangen entstehen. Die erste Enttäuschung für mich ist das Brandenburger Tor. Ich hatte mir vorgestellt, mit Freude und Stolz durch dieses geschichtsträchtige Tor zu gehen, von West nach Ost, voll im Bewusstsein der historischen Ereignisse. Stattdessen ist das Brandenburger Tor weiträumig abgesperrt: eine an jenem frühen Novemberabend vollkommen dunkle Baustelle!

So schleichen wir an Bretterzäunen entlang und geraten in ein unheimlich wirkendes „Marktgeschehen". Im Halbdunkel Holztische mit Waren: Männer (sind es sowjetische Soldaten?) verkaufen Uniformteile wie Mützen, Koppel, Jacken, sogar Ehrenzeichen aller Art. Noch vor einem Jahr wäre das eine absurde Vorstellung gewesen. So auch die Tische mit den großen und kleinen Brocken von der Berliner Mauer, jeder einzelne mit dem Stempel der Stadt versehen. Dass es echte Mauerstücke sind, ist glaubhaft, denn noch stehen hier und da Reste der Mauer, aber sie schrumpfen. Man kann nur hoffen, dass ein Teil als Erinnerung an die grauenvolle Stadtteilung an Ort und Stelle bewahrt wird.

Auf dem Wege zum Gropiusbau fällt die Düsternis Ostberlins auf's Gemüt. Nur spärlich beleuchten Straßenlaternen das Gelände. Neben uns zieht sich in langer Reihe dunkles, menschenleeres Gemäuer hin: die Neubauruinen Ostberlins, Opfer des allgemeinen wirtschaftlichen Chaos nach der Wende. Umso wohltuender sind Licht und Wärme in dem vom Architekten Martin Gropius mit üppiger Ausstattung errichteten Gropiusbau. Hier befindet sich ein Museum mit sehr eindrucksvollen Gegenständen aus jüdischer Kultur. Leider ist für uns die Anziehungskraft der zur Zeit laufenden Ausstellung „Bismarck, Preußen, Deutschland und Europa" stärker. So werden wir von der Fülle historischer Fakten, ihrer Darstellungen und Auslegungen, zusammengepresst in zwei Abendstunden, nahezu erdrückt.

Zurückgekehrt in die dunklen Straßen und auf dem Wege zur U-Bahnstation sehe ich sie zum ersten Male: die kläglichen Reste des Anhalter Bahnhofs. Ein paar schwarze Silhouetten verstümmelter Torbögen heben sich vom dahinterliegenden Platz ab. Fassungslos stehe ich nun vor den Bögen, durch die ich als fröhliches Kind vor mehr als sechs Jahrzehnten geeilt war. Ich weiß nicht mehr, wie oft wir in meiner Kindheit vom sächsischen Erzgebirge über Berlin nach Hinterpommern fuhren, um dort in der Stille kleiner Fischerdörfer die großen Ferien zu verbringen. Wir, das waren meine Geschwister, Vettern und Basen, ein Haufen lebhafter Kinder unter der Führung der drei Mütter. Das Schwierige jeder Reise war das Umsteigen in Berlin. Wir kamen stets am großen und lebhaften Anhalter Bahnhof an und mussten uns mit U- oder S- bzw. Straßenbahn zum Stettiner Bahnhof durchschlagen. Für unsere Mütter, nur Kleinstadtleben gewöhnt, war das sehr aufregend, und dies übertrug sich auch auf uns Kinder, die wir uns an den Händen halten mussten, damit ja keines verloren gehe. Froh waren wir, wenn wir heil den Stettiner Bahnhof erreichten, um dann dem Ferienparadies entgegenzufahren. Dies begann in den späten zwanziger Jahren und setzte sich fort.
1936 gerieten wir dabei in den Trubel der Olympischen Spiele, da war alles noch turbulenter und aufregender. Als die „Großfamilie" eine Straße überqueren musste, blieb ich mit anderen auf einer Verkehrsinsel zurück. Plötzlich hörte ich Rufe: „Der Führer!" Dicht vor mir fuhr eine Kolonne schwarz glänzender, offener Wagen vorbei. Ehe ich richtig verstand, war

alles vorüber. Vielleicht habe ich damals Hitler wirklich für einen Augenblick gesehen, heute bin ich mir dessen nicht mehr ganz sicher. Es spielt auch keine Rolle mehr, aber damals war es für mich sehr, sehr wichtig. Man möge mir verzeihen: ich war gerade zwölf Jahre alt und glaubte noch alles, was die Erwachsenen sagten.

Zurück zur Gegenwart des 2. Novembers 1990. Am Alexanderplatz beginnt frühmorgens für uns eine außergewöhnliche Führung von Herrn Konstantin Münz; einem jüdischen Journalisten, der es fertig gebracht hat, als solcher in der DDR zu leben, und der mit erfreulichem Selbstbewusstsein auf diese nicht einfache Zeit zurückblickt. Er führt uns ins „Scheunenviertel" (ehemals Ostberlin) ein, jenes ärmliche Gebiet hinter dem Alexanderplatz. Früher lagen hier die Exerzierplätze für die an der Stadtmauer gelegenen Kasernen, dazwischen lagen noch Felder mit Scheunen. 1671 waren hier 50 Juden aus Wien angesiedelt worden. Als im 19. Jahrhundert hier ein Neubauviertel entstand, fanden die Ostjuden, die am Alexanderbahnhof eintrafen, ihren ersten Unterschlupf im Scheunenviertel. Die es geschafft hatten, reich zu werden, zogen in die besseren westlichen Stadtgebiete: ärmere Ostjuden nahmen ihre Plätze ein. So auch die Mutter von Herrn Münz, die im Westen lebt und das Scheunenviertel nie mehr betrat. Herr Münz hat umfassendes Wissen über diesen Stadtteil und führt uns stundenlang durch die Grenadier- und Dragonerstraße, die Münzstraße, Schendelgasse, Mulackstraße und wie sie alle heißen. Eine unglaubliche Verwahrlosung bietet sich unseren Augen. Völlig ungewohnt und unglaubhaft. Es ist eine alte Armut, zu der sich in 40 Jahren DDR-Zeit der Verfall gesellte. Am schlimmsten scheint mir die Mulackstraße: neben Baulücken, die als Müllhalden benutzt werden, abbröckelnde Häuserfassaden, deren Fensterverzierungen von einstmals besseren Zeiten zeugen. Abgestellte Lastwagen mit Unrat aller Art. Fassaden, die noch Reste von Balkonen zeigen, welche im Laufe der Zeit wohl einfach abgefallen sind. Leere Fensterhöhlen, aber auch solche, die notdürftig mit Plastikplanen abgedichtet sind. Andere zeigen schmutzig-graue Gardinen, sind also noch bewohnt. Ich betrete ein solches Haus und befinde mich in einem völlig abgewohnten Treppenhaus: ausgetretene Stufen, abgebröckelter Putz an den Wänden, der Schmutz von Jahrzehnten an Geländer und Wohnungstüren, verrostete Briefkästen mit fehlenden oder nur noch lose hängenden Türchen, mehrere Kinderwagen, klapprige Fahrräder. An einer Wand prangt ein neues, blütenweißes Anschlagschreiben der Wohnungsgesellschaft des Inhaltes, dass ab sofort die Kosten von Einbauten aus eigener Initiative – wie Waschbecken, WC usw. – nicht übernommen würden. Was soll wohl aus diesem Viertel werden? Dicht nebeneinander sprühte man Forderungen an die Wände: „Rettet die Mulackstraße! Abriss der Mulackstraße!"

Herr Münz macht uns das Leben hier mit seinen Schilderungen lebendig. Hier die Kramläden im Kellergeschoss, auch der des jüdischen Kleintrödlers Kracauer, bei dem der Schuster Wilhelm Voigt die Uniform erstand, mit der er als „Hauptmann von Köpenick" auftrat. Dort alte Aufschriften wie „Koscheres Essen", die unter der Übermalung wieder zum Vorschein kommen; ebenso einzelne hebräische Buchstaben als Zeugen der Zeit jüdischen Lebens hier. Auch Verbrecherringe waren hier Zuhause, die ein unterirdisches System von Gängen und Fluchtwegen sowie Lager für Diebesgut angelegt hatten. Erst vor wenigen Jahren wurden die letzten Zugänge zugeschüttet. Hier wurde auch Horst Wessel erschossen: er soll nicht Zuhälter, wohl aber Zubringer gewesen sein, der am Alexanderbahnhof neu ankommende junge Mädchen ins Prostituiertenmilieu brachte. Wie oft wohl habe ich in meiner Kinder- und Jugendzeit das Horst-Wessel-Lied gesungen? Nichts ahnend und nichts argwöhnend? Wir sehen auch die ehemaligen Bordelle: kümmerliche Behausungen. Fließendes Wasser nur über einem Außenbecken im gemeinsamen Korridor für alle Hausbewohner. Und dann die Hinterhöfe! Vorschrift war eine Mindestlänge bzw. -breite von 5,11 Meter, damit die Feuerwehr einfahren und wenden konnte. Und somit waren die Höfe auch selten größer, sondern sonnenlose Schächte für bleiche Kinder und Müllbehälter, Keimzellen für Tuberkulose und Schmutzkrankheiten aller Art.

Etwas freundlicher ist die Große Hamburgerstraße, aber hierauf ruhen die Schatten ausgelöschten jüdischen Daseins: das Altersheim, das Krankenhaus, die Knabenschule, der ehemalige jüdische Friedhof, der heute eine eingeebnete Grasfläche ist mit nur einem einzigen Grabstein weit und breit, dem des Moses Mendelsohn.

Den Abschluss der Münz'schen Führung bildet der Besuch der „Neuen Synagoge", die wir im vorderen Teil weitgehend eingerüstet finden. Im hinteren Bauteil aber kann man ein riesiges Loch ohne jegliche Bausubstanz erkennen, das aber die Möglichkeit gibt, einen Blick ins Innere des weiträumigen Bauwerkes zu tun und eine Ahnung von Größe und Erhabenheit der Synagoge zu bekommen. Der Wiederaufbau wird nicht alle Teile des Gebäudes betreffen, aber zusammen mit dem daneben befindlichen Gemeindehaus wird das „Centrum Judaicum" entstehen.

Am Abend dieses Freitages dürfen wir an dem Schabbath-Gottesdienst in einer der sechs wieder intakten Synagogen (West-) Berlins teilnehmen. In der Pestalozzistraße lässt nur ein kleines Schild erkennen, dass wir unser Ziel gefunden haben. Wir stehen vor einer geschlossenen Wohnhäuserfront, bis das Tor geöffnet wird und wir nach lockerer Überprüfung unserer Handtaschen den Hausflur durchqueren und einen großen Innenhof betreten dürfen. Da steht es vor uns, das prächtige jüdische Gotteshaus. Warmes Licht fällt einladend aus den Fenstern. Während wir noch etwas warten müssen, spricht mich eine junge Frau an, wer wir wohl seien und wieso wir hierher kämen. Unser Gespräch kommt schnell in Gang. Ich erfahre, dass sie eigentlich eine Christin sei, dass ihr aber die Atmosphäre des jüdischen Gottesdienstes so zusage, dass sie zum jüdischen Glauben übergetreten sei. Sie verstünde zwar die Texte nicht und Hebräisch zu lernen habe sie versucht, aber nicht geschafft. Das mache jedoch nichts. Die Frau bleibt an meiner Seite, wir sitzen auf der Empore der Frauen nebeneinander und haben einen wunderschönen Überblick über den festlichen, großen Raum. Strahlende Helle eines riesigen Deckenleuchters, weiße Wände mit wenig, aber wirkungsvollem Zierrat, wohlige Wärme. Unter uns die Bänke mit den Männern, oben in der Mitte und an beiden Seiten die Emporen der Frauen. Erfüllt wird der Raum von dem volltönenden Gesang des Kantors, mit ihm zusammen oder im Wechselgesang erklingen klare, gut geschulte, jugendliche Stimmen eines kleinen Chores

(Studenten?). Die Atmosphäre möchte ich als warmherzig bezeichnen. Ich kann meine Nachbarin schon ein bisschen verstehen, wenn ihr das genügt. Den Inhalt der Gesänge und gemeinsamen Lieder können wir nur erfühlen, im übrigen schließen wir uns den Handlungen der anderen an. Einmal wenden sich alle um, stehen kurz in Richtung Westen. Flüsternd frage ich die junge Frau nach der Bedeutung des Umwendens. Sie sagte mir: „Sie erwarten da wohl die Ankunft des Messias", was mir etwas fragwürdig erscheint. Während der Schabbathfeier gibt es – wie üblich – Brot und Wein, aber nicht für die Erwachsenen, sondern für die Kinder! Aus allen Ecken springen diese nach vorn und erhalten einen kleinen Schluck (Ist das wirklich Wein?) aus kleinen Gläsern und statt Brot je eine Tafel Schokolade. Wie die Gruppe kleiner und kleinster Kinder da vorn steht, überfällt es mich mit Gewalt. Ich denke an die vielen, vielen unglücklichen, elenden Kinderchen, die an der Hand ihrer Eltern in den Tod gehen mussten. Heiß wünsche ich mir für die Kinder hier, dass sie einer guten Zukunft entgegengehen mögen! Wahrscheinlich tat die Musik das Ihrige zu meinem „Gefühlsausbruch", aber angesichts der fröhlichen Kleinen bin ich ganz und gar ergriffen.

Am Ende des Gottesdienstes dürfen wir dem Rabbi Fragen stellen, und das ist gut so. Wir bringen unser Befremden zum Ausdruck, dass die Kinder Schokolade bekommen. Ist das nicht eine Art materieller „Lockvogel"? Und bekommen sie wirklich Wein? „Ja", ist die Antwort, und die Erklärung leuchtet ein: Die Kinder sollen ganz bewusst dahin geführt werden, dass sie die Besonderheit, das Heraustragen des Schabbaths aus dem Alltag spüren und sich die ganze Woche über auf diesen Tag freuen. So gesehen, erscheint es auch uns sinnvoll und nicht mehr so befremdend wie vorher. Ich frage auch nach dem Sinn des Umdrehens während des Gottesdienstes und höre nun, dass man sich nach Westen wendet, um sich von der scheidenden Sonne und der vergangenen Arbeitswoche zu verabschieden. Viel wichtiger ist danach das Wiederhinwenden nach Osten zum Begrüßen des kommenden Schabbaths. Das hat natürlich echten Sinn.

Gedanken sind frei! Während einerseits meine in diesen Novembertagen 1990 immer wieder zurück in die persönliche Vergangenheit jagen, ringe ich andererseits mit unserer Gruppe darum, dem Schicksal der Berliner Juden aufzuspüren, die winzigen Reste ihres Daseins aufzusuchen, das Gewesene gedanklich zu bewältigen. An dem herbstlich-sonnigen Samstagmorgen fahren wir zum Gedenkstein für Walther Rathenau, dem Reichsaußenminister der Weimarer Republik, einem bedeutenden Vertreter des jüdischen Bürgertums von Berlin. Nur wenige Meter von seinem schönen Haus in Grunewald entfernt war er 1922 ermordet worden. Auf dem Güterbahnhof Grunewald halten wir inne und sehen gedankenvoll auf die kalten Eisenbahnschienen, auf denen die Güterzüge mit Tausenden von Berliner Juden ihre Fahrt begannen, den unbarmherzigen Transport nach Theresienstadt oder gleich ins Todeslager Auschwitz. Man versucht, sich gedanklich in die Ängste und Nöte, den Kummer der Deportierten zu versetzen, aber es gelingt nicht. Es ist nicht erfassbar, nicht nachzuvollziehen, wenn der Herbsttag so sonnig und friedlich wirkt, man selbst wieder in den komfortablen Bus steigen kann und durch die Wohlstandsgebiete des westlichen Berlins gefahren wird. Nur den genauen Kenntnissen des Herrn Hans Faust ist es zu verdanken, dass wir hier eine Erinnerungstafel an ein jüdisches Altersheim, dort eine solche an eine zerstörte Synagoge sehen können. Nicht übersehbar aber ist die Gedenkstätte an der Levetzow/Jagowstraße, wo eine große Synagoge mit 2.120 Plätzen gestanden hatte. Hier ragt eine großflächige Eisenplatte in die Höhe. Darinnen ausgestanzt sind die Daten der 63 Judentransporte von Berlin in die Konzentrationslager, begonnen am 11. November 1941, der letzte Transport noch im April 1945! Am Erdboden befinden sich 24 Platten mit den Abbildungen aller Berliner Synagogen und deren Namen. Daneben ein großer Marmorblock, in dem man, nur angedeutet plastisch dargestellt, zusammengepferchte Menschen erkennen kann. Der ganze Block wird von einem dicken Eisendraht umspannt. Daneben ein Eisenbahnwagen mit Marmorblöcken, die schemenhaft Menschen in gebückter Haltung im Waggon stehend erkennen lassen. Diese Gedenkstätte ist sehr eindrucksvoll. Leider sind alle Eisenplatten, das Drahtseil und die Eisenteile des Waggons verrostet, was dem Ganzen einen fatalen Eindruck des Verwahrlosten, Vergessenen überstreift. Oder ist es so gemeint? Soll es die Vergänglichkeit aller Dinge betonen?

Lebendig dagegen die Synagoge am Fraenkelufer in Kreuzberg. Hier blieb der im Jugendstil errichtete Mittelteil erhalten. Wir dürfen nach dem Gottesdienst am Samstag den Raum besichtigen, Fragen stellen und Unterschiede dieser konservativen Synagoge zu der mehr liberalen in der Pestalozzistraße feststellen. Hier gibt es zum Beispiel keine Orgel. Berlins jüdischer Oberkantor Nachaman, ein Mann von 79 Jahren und großem Temperament, steigt kurz vor unserer Abfahrt zu uns in den Bus, sprüht uns eine ansteckende Lebensfreude entgegen, erhebt seine Tenorstimme und singt uns ein Lied mit gewaltiger Stimmkraft, so dass ich mir vorstellen kann, dass bei einem solchen Kantor eine Orgel nicht vermisst wird.

Natürlich sehen wir im Vorbeifahren auch die Prachtstraßen und -bauten Berlins: die Alte Marienkirche am Alexanderplatz mit dem sie fast erdrückende Fernsehturm, das Rote Rathaus, den Berliner Dom, das graue Stadthaus, in dem Honecker residierte, das reichgeschmückte Ephraim-Palais des Münzmeisters von Friedrich dem Großen. Wir sehen den (noch) leeren Potsdamer Platz ohne Mauer (!), bewundern die Schlossbrücke, das Luftbrückendenkmal in Tempelhof, die Gedächtniskirche und vieles mehr. Selbstverständlich durchfahren wir auch die breite, grün umsäumte Straße des 17. Juni und sehen den goldglänzenden Engel auf der Siegessäule (im Volksmund die „Goldelse"). Und hier tauchen bei mir schlagartig nochmals Erinnerungen auf: 1960! Berlin ist das noch offene Schlupfloch von der DDR nach dem Westen. Damals war es schon nicht mehr problemlos, nach Berlin hineinzukommen, denn da DDR-Flüchtlinge zu Tausenden sich in den Westen absetzen, begann man, Berlinfahrer zu überprüfen und auch zurückzuweisen. Führte man wichtige Dokumente oder Zeugnisse bei sich, war man als Republikflüchtiger verdächtig, und das gab große Schwierigkeiten.

Den Ausklang unserer viertägigen Berlinfahrt bildet ein Besuch des alten jüdischen Friedhofs in Weissensee. Mit seiner Größe von 43 Hektar birgt er die Gebeine von etwa 115.000 Toten, aber heute gibt es nur noch

Grabpflegeaufträge für ungefähr 1.000 Gräber. Hinweggerafft oder in alle Welt verstreut sind liebende Angehörige. Der Eingangsbereich ist gepflegt. Hier finden sich Reihen von Grabsteinen berühmter Juden. Auch die Eltern von Tucholsky liegen hier begraben bzw. haben eine Gedenktafel, denn die Mutter starb in Theresienstadt. Das Grab von Lewandowsky ist zu finden, der im 19. Jahrhundert alle Psalme für den jüdischen Tempelgesang vertonte. Seit 1927 gibt es ein Ehrenfeld für jüdische Gefallene des Ersten Weltkrieges, auch eine Grabstätte für geschändete oder durch Bomben beschädigte Thorarollen, die 1943 hier versteckt wurden; denn nach jüdischen Gesetzen dürfen Thorarollen nicht weggeworfen oder vernichtet werden.

Man kann stundenlang in dem großräumigen Friedhofsgelände umherwandern, und das ist ein Gang durch eine zauberhafte Wildnis. Ein halbes Jahrhundert blieb der Friedhof sich selbst überlassen. Die Natur hat hier voll Fuß gefasst. Efeu hat ganze Grabreihen mit einem dunkelgrünen Teppich überzogen, nur noch gering vorhandene Erhebungen lassen Grabsteine darunter erahnen. Bäume sind umgestürzt und überwachsen. Andere sprießen mitten aus den Grabsteinen empor, haben schon Stämme von beachtlicher Stärke. Mauern sind überwuchert, Schriften vermoost, mit Blattwerk überzogen, nicht mehr lesbar. Säulen umrankt, Steine zerborsten. Und die Blätter der jungen Ahornbäumchen leuchten in allen Farben. Die Buntheit, die Stille dieses Novembertages, die üppige Natur, das alles wirkt so besänftigend, so versöhnend, so friedvoll. Aber es kann nicht so bleiben, das ist sicher. Der Berliner Senat wird den Jüdischen Friedhof übernehmen, die überwuchernde Natur wieder zurückdrängen, Gräber freilegen, Ordnung schaffen. Eigentlich ein bisschen schade, denn diese Rückeroberung durch die Natur ist beachtlich und des Nachdenkens wert.

Aber es war nicht immer so friedlich hier wie 1990. In den letzten Kriegsmonaten war der Friedhof letzte Zufluchtsstätte gehetzter und gejagter Juden gewesen, die es geschafft hatten, im Untergrund bis zum Kriegsende durchzuhalten. Hier in den größeren Grabanlagen versteckten sie sich während des Tages, um in der Nacht hinauszuschleichen zur Beschaffung von etwas Essbarem, wie und wo auch immer. Es hatte ja auch mutige und aufrechte Deutsche gegeben, die trotz eigener Gefahr ihre jüdischen Mitmenschen nicht im Stich gelassen hatten. Ein sehr monumentales Bauwerk ist das des Industriellen Sigmund Aschrott. Es besteht aus rotem Granit und wurde 1890 vom Erbauer des Leipziger Völkerschlachtdenkmals entworfen. Am Boden des Grabmals fällt mir eine schräg abgerutschte Platte auf, unter der ein flacher Hohlraum zum Vorschein kommt, der wohl einen Menschen fassen könnte. Hat man in solchen Verstecken gehaust? Im letzten Kriegswinter bei Schnee und Kälte mit ungestilltem Hunger am Erdboden liegend? Kaltes Grausen überkommt uns bei dieser Vorstellung. Und doch haben auf diese Weise einige überlebt. Jüdische Besatzer aus der Sowjetarmee haben ihnen nach Kriegsende zu essen gebracht, und da sollen sich auch einige nichtjüdische Berliner zum Essensempfang dazugestellt haben.

Bleibt die Frage, warum man in der Nazizeit diesen Friedhof nicht zerstört hat? Ich denke, dass der Grund im Zeitmangel lag. Die Lebenden zu vernichten war vorrangig gewesen. Als das „Tausendjährige Reich" nach zwölf Jahren zu Ende ging, hatten wenigstens die Toten hier ihre Ruhe bewahren können.

Tagebucheintrag vom 4. Oktober 1990

Als mir Eckart zu Weihnachten 1988 das 5-Jahres-Tagebuch schenkte, schrieb er als Widmung hinein:

„Ich wünsche dir Platzmangel aus Fülle schöner Erlebnisse ..."

Und heute habe ich gewaltigen Platzmangel!
 Nicht aus einer Fülle schöner Erlebnisse, sondern wegen eines gewaltigen Ereignisses: Ich habe die Wiedervereinigung Deutschlands erlebt!
 Nach bei meinen Eintragungen im Juli 1989 hätte ich nicht im Traum gedacht, dass nur zirka 15 Monate später die DDR nicht mehr existiert, obwohl mit der damaligen Flüchtlingswelle alles ins Rollen kam. Keiner, wohl keiner hat geahnt, wie das alles verläuft und wie schnell alles „davon gelaufen" ist. Förmlich überstürzt haben sich die Ereignisse. Die Euphorie vom November 1989 freilich ist verblasst, weil die wirtschaftlichen Zustände in der ehemaligen DDR äußerst schwierig geworden sind seit der Einführung der D-Mark. Ostwaren werden nicht mehr gekauft, die Produktion steht still, Arbeitslosigkeit greift um sich. Dennoch – trotz all dieser Talfahrten war es richtig, die Vereinigung jetzt durchzuziehen! Wer weiß, was sich in der UdSSR ereignet, wer weiß, wie Volksstimmungen umschwenken können? Nun ist die Wiedervereinigung ein Faktum, das nicht mehr rückgängig gemacht werden kann. Die Schwierigkeiten müssen eben gemeistert werden.
 Dennoch kann ich dieses historische Ereignis nicht fassen! Ich bemühe mich darum, aber bis ins Letzte ist es nicht zu begreifen. Wir haben's doch jahrzehntelang nicht zu hoffen gewagt. Gewünscht immer, aber es erschien unerreichbar. Ich erinnere mich ganz genau: Damals, als die Trennung begann, schätzte ich, dass man vielleicht einmal in 50 Jahren wieder zusammenkommen könne. 50 Jahre sind eine unvorstellbar lange Zeit, wenn man ungefähr 25 Jahre jung ist und solche Zeitspanne *vor* einem liegt. Nun waren es ungefähr 40 Jahre, aber welch eine lange Zeitspanne im Leben eines einzelnen Menschen! Die Generation vor uns ist dahingegangen, ihr war es nicht vergönnt, dies zu erleben. Da gibt es zwar noch meine

Schwiegermutter, aber ihr geschwächter Geist wird es kaum erfassen. Ich muss in diesen Tagen viel an meine geliebte Mutter denken – wie hätte sie sich gefreut!

Wie umfassend ist aber auch diese Wandlung, ausgehend von Gorbatschows Wirken: Wie ein Kartenhaus fielen die Ostblockstaaten in sich zusammen, wirtschaftlich am Ende, die Menschen nicht gewillt, so weiter zu machen wie bisher: Polen, Ungarn, Rumänien, die Tschechoslowakei, Bulgarien, Jugoslawien – alles war im letzten Jahr im Aufruhr, im Umbruch, dabei in schweren Sorgen und Nöten. Der Umwandlungsprozess ist noch voll im Gange. Auch erstaunlich ist es, wie reibungslos und termingerecht die „2 + 4-Gespräche" vonstatten gingen, also BRD und DDR und die vier Siegermächte. Keiner legte uns „einen Stein in den Weg". Wir bekamen die volle Souveränität zurück, und damit ist auch die Nachkriegszeit zu Ende gegangen.

Noch ein kleiner Rückblick auf die vergangenen, wichtigen Tage, wie ich sie erlebte:

Es stand also fest, dass am 3. Oktober 1990 die fünf Länder Sachsen, Thüringen, Sachsen-Anhalt, Brandenburg und Mecklenburg-Vorpommern zur Bundesrepublik gehören und dass am 3. Oktober ein Feiertag sein soll. Seit einigen Tagen wurde öffentlich diskutiert, ob in der Nacht vom 2. zum 3. Oktober die Glocken läuten sollten oder nicht. Die Lippische Landeskirche hatte es verboten, weil Glocken nur zu Gottesdiensten geläutet werden sollen. Noch in der ökumenischen Bibelstunde wurde diese Ansicht stark von der reformierten Kirche vertreten und scherzhaft gesagt, der Pastor solle sich doch betend unter den Kirchturm stellen, dann dürfe auch geläutet werden.

Am 30. September feierten wir in der evangelisch-lutherischen Kirchgemeinde das Erntefest. Da waren es „wir Frauen", die das Thema aufgriffen und meinten, wir sollten doch einen Mitternachtsgottesdienst halten. Unser Pastor stellte noch die Bedingung, es müsse noch der Kirchenvorstand einverstanden sein. Der war zum größten Teil anwesend und sofort einstimmig dafür, so dass es nun eine beschlossene Sache war. Man schlug vor, dass einige Frauen aus der Gemeinde Gebete verfassen und sprechen sollten. Auch ich war dabei, aber zunächst erschrocken, denn das hatte ich noch nie gemacht. Frau L. sollte das Dankgebet übernehmen, Frau P. die Bitte für uns in der BRD, Frau v. Pl. das Lob Gottes und ich die Fürbitte für die Menschen aus der DDR und der „Dritten Welt". Ich war so im Gedankengut des Ganzen verwurzelt, dass es mir noch am selben Abend nicht schwer fiel, meine Gedanken zu einem Gebet zu formulieren.

Am Abend des 2. Oktobers hatten wir im Kirchgemeindehaus einen Vortrag über van Gogh gehört, als Vorbereitung auf dessen Bilderausstellung in Essen, die wir besuchen wollten. Nach dem Vortrag blieb eine Gruppe von Frauen zusammen. Es war eine Runde von zehn Personen, die auf den Nachtgottesdienst warteten. Wir verfolgten die Fernsehübertragung aus Berlin. Im Laufe des vorgerückten Abends kamen immer mehr Gemeindemitglieder dazu. Es hatte sich durch Mundpropaganda herumgesprochen, dass ein Gottesdienst gestaltet werden sollte. Wir freuten uns über die brennenden Kerzen, die teilweise in den Vorgärten aufgestellt worden waren.

23.30 Uhr gingen wir hinüber zur Kirche, zündeten in der Mitte des Fußbodens Kerzen an. Viertel vor Mitternacht begann das Läuten: *Unser Läuten!*

Es war unwahrscheinlich warm und schön, der Mond schien, und die Glocken dröhnten über uns. Wir standen draußen still und voller Gedanken an die zurückliegenden Jahrzehnte – 15 Jahre Ost, 30 Jahre West. Und ich dachte an meine geliebte Mutter!

Der gut besuchte Gottesdienst war schön. Das, was wir Frauen beteten, war gut und umfassend.

Mein Gebet

Herr, wir bitten Dich für die Menschen in der ehemaligen DDR, dass sie die äußeren Schwierigkeiten rasch überwinden mögen, dass Arbeitslosigkeit wieder abgebaut werden kann und das tägliche Leben in geordneten Bahnen verläuft.

Herr, gib Deinen Segen für diesen Prozess der wirtschaftlichen und politischen Umstellung und hilf den verunsicherten Menschen, dass nicht gegenseitiges Misstrauen und Neid und Streben nach Vergeltung ihr Denken und Tun beeinflussen.

Herr, wir bitten Dich, lasse Deinen heiligen Geist wirken und die Vielen durchdringen, die jahrzehntelang nichts von Dir wissen wollten oder durften, die der Kirche fernblieben, ihre Kinder nicht taufen ließen und glaubten, ohne Deine Führung, ohne Deinen Segen leben zu können. Öffne den Erwachsenen den Weg zur Dir und gib den Kindern das Wissen über Dich und Jesus Christus, über die christliche Glaubenslehre, damit sie in deren Lebensformen hineinwachsen und sich bei Dir geborgen fühlen können.

Wir bitten Dich aber auch für die Menschen in der „Dritten Welt", dass sie nicht denken müssen, wir hätten sie wegen unserer eigenen deutschen Belange nun vergessen. Sie hoffen und warten auf unsere materielle Hilfe. Lass sie nicht verzagen und gib uns die Kraft und Möglichkeit, ihnen entscheidend zu helfen. Lass uns nie vergessen, dass wir Deutsche in Ost und West nach Freiheit und Wohlstand streben, sie aber ums Überleben kämpfen müssen, um das Nötigste zum Sattwerden, um ein Kleidungsstück, um ein kümmerliches Dach über den Kopf.

Öffne unsere Herzen und Hände zugunsten der Elenden dieser Welt und dies gerade während der Tage eigener Freude über das Schicksal unseres Volkes, dem Du solch große Gnade zuteil werden lässt!

Schkeuditz – ein Besuch 1993

Das letzte Mal war ich 1945 in Schkeuditz, aber nur auf dem Bahnhof zum Umsteigen in die Straßenbahn nach Papitz, wo Onkel Hermann wohnte, aber davon will ich erst später erzählen.

Großvater ist im Juni 1936 gestorben. Da ich ihn als Kind oft besuchen durfte, kann ich annehmen, dass ich 1935 in Schkeuditz war, das heißt, seit dem sind 58 Jahre verflossen!

Ich muss, Erinnerungen folgend, noch weitere fünf Jahre zurückwandern:

1930 wurde ich, bei den Großeltern wohnend, in Schkeuditz eingeschult. Dieses gehörte zu Preußen, das Erzgebirge zu Sachsen. Da die sächsischen Schulbestimmungen strenger gehandhabt wurden, war eine Einschulung 1930 für mich nicht möglich, denn der Schlusstermin für die I-Männchen (im Erzgebirge hieß das „Achterdäppeln") war der 30. Juni. Ich aber war erst am 9. Juli zur Welt gekommen. Als Jüngste neben Brigitte, Rudi und Elisabeth hatte ich deren Schularbeiten schon mitgetan und langweilte mich zuhause. Eine gute Entscheidung meiner lieben Mutti, mich also mit knapp sechs Jahren zu Ostern in Schkeuditz einschulen zu lassen, um ohne Schwierigkeiten nach den großen Ferien in die Schwarzenberger „Bürgerschule" übernommen zu werden! An diese frühesten Schultage habe ich nicht die geringste Erinnerung. Umso mehr aber an die glückliche Zeit bei den geliebten Großeltern, wo ich Nesthäkchen im wahren Sinne des Wortes war, welches verwöhnt wurde und sich nicht täglich der wenig älteren Geschwister zu erwehren hatte.

Lassen wir nun die vergangenen Jahrzehnte vorwärts schnurren wie eine Filmspule. So kommen wir im Mai 1993 zur Gegenwart.

Anlässlich einer Familienfeier sind die noch lebenden Enkelkinder der Großeltern „Vater" beisammen: Rudi, Gisela, Helga und ich. Nur Helmut fehlt in der Runde. Länger schon hatten wir drei ehemaligen Bergsteiger, Helmut, Rudi und ich, einen gemeinsamen Besuch der Stätten unserer Vorfahren geplant. Das „Strahlhorn", einen der Walliser Viertausender, zu ersteigen, hatten wir nicht mehr geschafft. Nun ergab sich die stark reduzierte Planung: *„Statt Strahlhorn – Klingelborn".*

Klingelborn, das ist für alle Familienmitglieder meiner Generation ein fester Begriff: jenes eingefasste Quellwasser in Schkeuditz, das Spielplatz unserer Mütter in ihrer Kindheit war, das wie ein roter Faden deren Erzählungen durchlief und auch in schriftlichen Erinnerungen immer wieder auftaucht. Klingelborn, das war schon immer lebendige Vergangenheit, da wollten wir hin, wollten sehen, ob er die heftigen Stürme der letzten Jahrzehnte heil überstanden hat.

Mit Helmut war ausgemacht, dass er von Nürnberg kommend, zu uns stößt. Treffpunkt: Merseburger Straße 1, das letzte Wohnhaus unseres Großvaters, 11 Uhr. Gisela kann leider nicht dabei sein, sie hat just in diesen Tagen eine Reise nach Israel gebucht. Aber Helga, vor einigen Wochen aus Australien zurückgekehrt, schließt sich uns gern an. So fahren wir zu dritt in der Frühe eines strahlenden Maitages von Schwarzenberg los, um die Vergangenheit zu suchen. Trotz Baustellen allerorten, die den Straßenverkehr der ehemaligen DDR in diesem 1993 stark behindern, verlassen wir erfreulich pünktlich bei Großkugel die Autobahn und fahren auf der Halleschen Straße nach Schkeuditz hinein. Schneller als gedacht packt uns die Vergangenheit! Fast gleichzeitig schreien Helga und ich: „Hier ist es doch!"

Eigentlich springt uns zuerst das rote Ziegelhaus an der Ecke ins Auge: der Bäckerladen voll süßer Erinnerungen. Aber gleich daneben steht die schmale, hohe Ziegelfassade vom letzten Wohnhaus der Großeltern. Nichts verändert! Jedenfalls nichts auf den ersten Blick. Wohl sind die roten Ziegel noch mehr geschwärzt als früher, aber der Gesamteindruck ist derselbe. Dennoch hat die Gegenwart diese Straßenecke Hallesche/Merseburger Straße hart und laut im Griff. Baumaschinen aller Art reißen die Straßen auf, dazwischen zwängen sich riesige Lastautos, die die Baustelle passieren wollen. Staub und Lärm beherrschen die Szene. In der Betrachtung der Hausfassade fällt mir auf, dass die Fenster von Großvaters Wohnung schwarz und leer erscheinen, keine Gardinen, also unbewohnt. Dort ist das Fenster ganz rechts des kleinen, außerhalb der eigentlichen

Wohnung liegenden Zimmer. Hier stand früher ein zweites Klavier, auf dem ich sehr gern spielte. Das heißt, ich ahmte die großen Bewegungen eines Pianisten nach, schlug wahllos laute Töne am Klavier an und träumte davon, herrlich Klavierspielen zu können. Keiner störte mich dabei in diesem entlegenen Raum.

Daneben die zwei (oder drei?) Fenster gehörten zum Wohnzimmer. Ganz links, das war das Zimmer, in dem ich später als Gast schlief, als Großmutter schon gestorben war und Tante Änne, von uns Kindern „Bemmi" genannt, die jahrzehntelange Haushaltshilfe, dem Großvater bis zum Tode die Wirtschaft führte. In dieses Zimmer schien die Abendsonne, wenn ich vor dem Schlafengehen noch ein wenig auf die Straße schauen durfte, ehe Bemmi und ich unser Gute-Nacht-Lied sangen: „Die Blümelein, sie schlafen schon längst im Mondenschein ..."

Oh köstliche Erinnerung der frühen Kindheit, wieder lebendig und unverlierbar! Lebendig auch jetzt die Anziehungskraft des Bäckerladens. Hier durfte ich bei den Großeltern jeden Morgen mit einem Einkaufskorb, der zwei Klappdeckel besaß, allein hingehen und Brötchen und für mich extra eine „Strumpfsohle" kaufen. „Strumpfsohle", das ist das materielle Gegenstück zum Klingelborn im Erinnerungskatalog: ein flaches, ovales Streußelgebäck. Impulsiv und in der Hochstimmung dieses Tages lassen wir unsere Getränke erst einmal in der Imbisshalle stehen und steuern über Gräben hinweg und durch die Baumaschinen hindurch den Bäckerladen an. Heute heißt er „Lecker", früher Bäcker „Richter", aber den alten Namen nennt uns erst die blutjunge Verkäuferin, die wir nach Strumpfsohlen fragen. Erst stutzt sie, dann berichtet sie, dass sie diese Bezeichnung noch kennt. Aber seit einem Jahr werden Strumpfsohlen nicht mehr gebacken. Wie schade! In naiver Freude erzählen wir dem jungen Mädchen von unseren Erinnerungen, fragen sogar einen älteren Kunden, ob er etwa den Hermann Vater noch kennt. Zu unserem Erstaunen sagt er: „Ja, das war so ein Original!" Allerdings kommen uns später Zweifel, ob der Mann vielleicht Hermann Vater junior, also Giselas Vater, meinen könne, denn er sagt uns, dass er selbst 1936 geboren sei und das war Großvaters Todesjahr. Also kann er nur Erzählungen über ihn kennen. Wir halten das dennoch für möglich, weil Großvater stadtbekannt war: als Konrektor der Schule, Organist in der Kirche, Gründer des Heimatmuseums, Jäger, Imker, Präparator von Vögeln und Kleintieren, Klavier- und Geigenlehrer usw. Onkel Hermann hingegen lebte ja außen vor in Papitz, aber war er nicht auch ein Original?

Während wir im Bäckerladen stehen, entdecke ich draußen Helmut. Auch er ist eine halbe Stunde früher da, hatte in Halle übernachtet. Nun sind wir alle Vier froh vereint und begeben uns auf Spurensuche.

Ohne weiteres können wir die alte Tür zu Großvaters Wohnhaus öffnen und in den Hof gelangen. Ist das alles Wirklichkeit? Alles noch wie früher? Mehr als sechs Jahrzehnte haben hier nichts verändert, nur die Wände sind schmutziger geworden. Die Klosettüren auf halber Treppe haben noch dieselbe Farbe. Bin ich etwa erst gestern hier als fröhliches Kind umhergesprungen?

Der Hof! Die Ziegelmauern an beiden Seiten strahlen noch immer die Wärme zurück, halten Wind und Lärm ab. Nur die rückwärtige Quermauer ist verschwunden, hier ist jetzt ein Durchgang zu einem schmalen Weg. Früher befand sich an dieser Mauer eine große Aschengrube, mein Lieblingsspielplatz! Hier fand ich Scherben von Geschirr, mit denen ich mir einen kleinen Haushalt aufbaute, einen gedeckten Tisch mit verbeulten Väschen, die ich mit Blumen aus dem kleinen Kräutergarten füllte, den Großvater in einer Ecke des Hofes pflegte. Welch bescheidenes Glück war dieser Aschengrubenwinkel für mich, meine kleine, friedvolle Kinderspielwelt.

Über die eine Seitenmauer ragte früher ein großer Süßkirschbaum aus Nachbars Garten herüber. Einmal hatte der Sturm einen großen Ast voll reifer Kirschen zu unserer Seite hin abgebrochen. Nachdem Großvater die rechtliche Lage geklärt hatte, durften wir den ganzen abgebrochenen Ast leer pflücken. Süßkirschen, die gab es im Erzgebirge kaum.

So viele Erinnerungen! Hier hatten wir als Kinder des Öfteren Hochzeit gespielt. Die Ziegelmauer hatte immer wieder den Ball zurückgeworfen, mit dem ich Geschicklichkeitsübungen machte, wie Händeklatschen zwischen Aufprall und Wiederkehr des Balles. Oder gar mit zwei Bällen spielen! Hier ist noch die mit einer Platte abgedeckte Jauchengrube vorhanden, welche wir nicht betreten durften. Nein, tatsächlich befindet sich auch noch das Emailleschild an der Außenwand des Hauses. Trotz der abgesprungenen Emaille an vielen rostigen Stellen ist noch deutlich zu lesen, dass das Betreten der Grubenbedeckung verboten ist. „Eltern haften für ihre Kinder!" Was „haften" bedeutete, war mir damals ein Rätsel, über das ich vergeblich nachdachte.

Noch ein Blick zum großen Balkon, der nach dem Hof schaut. Er wurde früher von einer Gitterglaswand abgeschlossen, an der Großvaters Blumen hochrankten. Hier stand auch im Sommer der große Fleischwolf, durch den Massen von Johannisbeeren zur Saft- und Geleegewinnung gedreht wurden. Mir gefielen daran die trockenen Würste, bestehend aus Kernen und Stielen, die am anderen Ende die Maschine verließen. – Jetzt ist der Balkon vollkommen offen, kahl und leer, verkommen, verlassen.

Unser nächstes Ziel ist natürlich der Klingelborn. Er liegt nicht weit entfernt. Gleich neben der Hauptdurchgangsstraße mit den alten Häusern fällt das Gelände ziemlich steil ab, so dass der Ort sich, wie auf einem Berg liegend, über das weite Tal der Elster und Luppe erhebt. Ein holpriger Steinweg und eine verfallene Treppe führen wenige Meter hinunter zum Klingelborn. Da steht er wie eh und je: Die in einem Rohr gefasste Quelle sprudelt erfrischend aus einem Rohr heraus, unfassbar! Wie lange schon! Wie lange noch? Darüber gebaut ist eine Art Nische, und diese besteht aus hellen Steinen und versteinertem Holz, das man in der Elsteraue gefunden hat, wie Rudi aus Mutters Tagebuch weiß. Die gesamte romantische Ecke wird von einer riesigen Platane überspannt. Das Ganze war einstmals ein stiller Winkel, aber jetzt rückt die Neuzeit heran. Nur wenige Meter weiter buddeln Baumaschinen, verlegen ein Rohr in Richtung Elsteraue. Bestimmt wird sich später alles wieder begrünen und der Winkel hoffentlich wieder still werden und die Zeiten überdauern.

Aus Muttis Lebenserinnerungen:

… Im Klingelborn holten wir, seines guten Geschmackes wegen, unser Trinkwasser. Dort spielten wir sehr viel. Der Hang war eine selten schöne Rodelbahn, und im „Schusseln" brachten wir es zu großer Virtuosität. Vom Klingelborn ging es weiterhin in die Wiesenaue mit Hecken und Buschreihen aus Erlen, die „Ellern" genannt, Gräben, alten Weiden, hohen Pappeln und alten Baumstümpfen. Sommer und Winter, Frühling und Herbst war das unser Reich! Wohnungen bauen in den Hecken, Maikäfer eimerweise für die Hühner in der Abenddämmerung fangen, durch den geheimnisvollen Bodennebel laufen, Blumen auf den bunten Wiesen pflücken, im Herbst das goldgelbe Laub in Säcke füllen, Schlittschuhlaufen auf den Gräben und Tümpeln, Drachen steigen lassen, auf die alten Weiden klettern und über ihre herabhängende Äste rutschen – ach, da wird man auch mit kurzem Andeuten gar nicht fertig. Ganz große Zeit war, wenn Überschwemmung eintrat. Im Sommer wateten wir

stundenlang im flachen Wasser oder gondelten in Badewannen darinnen. Schnecken kamen da ans Ufer, die Ameisen saßen dicht beisammen in schwimmenden Klümpchen ... Gab es Winterhochwasser, war das dann etwas ganz Besonderes, denn dann gab es eine riesige, spiegelnde Eisbahn. Stundenlang konnte man dann die kühnen Bogen schwingen auf einem Eis, das noch keines Menschen Fuß zerkratzt hatte ...

Wir laufen nun zur Elster hinunter, die uns aus so vielen Erzählungen und frühen Fotos bekannt ist. Hohe Baumwipfel locken, aber wir müssen erst etliche Sträßchen, technische Anlagen, Häuser und Schrebergärten umlaufen, ehe wir die Elster (oder ist es die Luppe?) erreichen. Wir queren sie über eine schmale Metallbrücke und gehen am Ufer entlang. Wie unsagbar schmutzig ist das Wasser, kein Zentimeter Durchblick ist da möglich! Das Flüsschen führt wohl die Abwässer Leipzigs mit sich. Viel, viel muss da getan werden, um das Abwasserproblem in den neuen Bundesländern zu lösen. Hier, wo die vorige Generation noch gebadet hat, starrt alles vor Schmutz. Dennoch ist die Natur versöhnend, üppig grünt es, die Wiesen blühen in buntem Wildwuchs, die Sonne scheint heiß in diesen Mittagsstunden. Wir stapfen durch hohes Gras und Brennnesseln und können unseren Gedanken nachhängen. Besonders Rudi und mich berührt das Wissen, dass unsere Mutti hier auf diesen Wegen die schwere Last ihrer Gedanken mit sich herumgetragen hat, nämlich die Frage: Soll ich diesen Hellmuth Beuchelt heiraten oder nicht? Tiefe Liebe, durch Zweifel getrübt, ein altes Problem!

Der anfängliche Pfad verliert sich in der Wildnis, das Gehen ist beschwerlich, und da die erwartete nächste Brücke über die Elster nicht in Sicht kommt, kehren wir um; denn auch Hunger und Durst stellen sich ein. Es ist ein ungewöhnlich heißer Maitag. Wir wandern zurück zum Städtchen und sehen mit Entzücken, dass es noch die Straßenbahn nach Leipzig gibt, deren Endstelle hier in Schkeuditz liegt. Auch ich erkenne das Gebäude wieder, sozusagen die Garage der Straßenbahnwagen. Mit runden Bögen über jeder Einfahrtsschiene zeigt es noch dasselbe freundliche Aussehen. Mir war das früher etwas Fremdes, aber Rudi erinnert sich, dass ihn diese Straßenbahnstation als Junge sehr interessiert hat.

Wir wollen im Ratskeller zu Mittag essen. Das sicher recht ansehnliche Rathaus ist vollkommen eingerüstet. Das neu gedeckte rote Dach leuchtet in der Sonne. Der kaum auffindbare Eingang führt uns durch Staub und arbeitende Handwerker hinunter in die Gaststätte. Ein kühler, nur spärlich besetzter Raum bietet Erholung und gutes Essen. Viel wichtiger aber ist das Bild, das in meiner Blickrichtung an der Wand hängt und mich beunruhigt. Diese zwei schräg zueinander gestellten Häuser mit der Kirche dazwischen, das müsste doch der Winkel sein, in dem die Großeltern zuerst wohnten und in welchem ihre vier Kinder geboren wurden. Aber die romanische Kirche aus Natursteinen, gibt es die noch? Von der Aue aus sahen wir einen neugotischen Kirchturm, der kann es nicht sein.

Zunächst möchte Helmut eine Mauer suchen, an der ein kleiner Pfad entlang lief, den er als Kind so gern gegangen war. Wir finden die Mauer, das heißt nur Reste von ihr und dicht dabei kurze Abschnitte eines Trittpfades. Gleich daneben verläuft eine Straße und an dieser liegen große Neubaugebiete, die uns fremd sind und die wir heute einfach nicht sehen wollen. Die Mauer ist interessanter, sie gibt den Blick frei auf dichten Unterbewuchs und hohe, alte Bäume. Und jetzt sehen wir Reste von Grabeinfassungen, schließlich alte Grabsteine. Der Friedhof!
   Der Eingang liegt ein Stückchen weiter weg, das Betreten des Friedhofs ist verboten, aber das hindert uns nicht auf unserer Spurensuche, denn hier liegen auch unsere Großeltern begraben.

Großvaters Tagebuch endet mit einer Eintragung vom 15. September 1931. Er schildert Großmutters Tod am 31. August 1931 in Bad Elster:

„... ich stand nach 43-jährigem Zusammenleben allein in der Welt. In ihrer Heimatstadt Schkeuditz haben wir sie im Grabe ihrer Mutter am 3. September begraben."

Danach schrieb Großvater kein weiteres Wort in sein Tagebuch.

Unter großen, schönen Bäumen im frischen Maiengrün gehen wir die Wege entlang und sind erschüttert. Ungefähr 80 Prozent der Grabsteine sind umgeworfen, verwüstet. Das letzte Begräbnisjahr, das wir finden können, ist 1967. Seitdem ist der Friedhof aufgegeben, man hat ihn einfach verkommen lassen. Ein Haus mit leeren Fensterhöhlen, zerstörtem Dach und von Schutt und Schrott umgeben, steht am Rande des Geländes, das wir suchend durchstreifen. Vielleicht finden wir den Stein unserer Großeltern? Aber bei den vielen umgeworfenen Grabsteinen ist ein Ablesen der Namen nicht möglich, gezieltes Suchen nicht durchführbar.

Ich habe auch an den Friedhof gute Kindheitserinnerungen. Mit Großmutter, die das Grab ihrer Eltern Krelling pflegte, war ich oft dort. Mir gefiel es immer sehr unter den dunklen Bäumen. Meist ging ich dann zu den Abfallhaufen und suchte Blumen zusammen, die noch nicht ganz verwelkt waren. Mir taten sie leid, ich nahm sie mit nach Hause und stellte sie in meinem Aschengrubenhaushalt auf.

Nun verlassen wir das traurig stimmende Gelände, das dennoch, so sonnendurchflutet und vom Grün überwuchert, eine Oase der Ruhe im neuzeitlichen Lärm des Städtchens darstellt. Es soll ein öffentlicher Park werden, sagen die Leute.

Sehr bald erreichen wir die Flughafenstraße, an der Großvaters Garten lag.

Aus Muttis Lebenserinnerungen:

„… Dann kaufte Vater ein Stück Feld draußen auf dem Wege zur Teerfabrik. Dort legte er einen Garten an. Zuerst wurde der Zaun gebaut. Pfosten und Bretter wurden auf einen großen Pferdewagen geladen, und ich durfte mich ganz oben drauf setzen. Wie stolz fuhr ich auf dem ratternden Wagen durch die ganze Stadt. In diesem Garten habe ich von Vater Säen, Pflanzen, Graben und Hacken gelernt. Von daher hat mich Gartenfreude durch mein ganzes Leben begleitet … Zentnerweise pflückten wir Johannisbeeren, und im Herbst fuhr so mancher Handwagen voll Obst und Gemüse ins Städtchen …"

Wenn ich annehme, dass beim Kauf des Gartens Mutti zehn Jahre alt war, dann ist dieses Stück Land seit 1905 in familiärem Besitz. Ich hatte es geerbt, nachdem Mutti ihre drei Geschwister ausgezahlt hatte. Damals begann das Enteignen derer, die „nach dem Westen" gegangen waren. Helmut, Rudi und Helga lebten schon nicht mehr in der DDR. Von mir nahm man an, dass ich wohl „im Lande" bleiben würde. Dennoch ging das Grundstück mir „verloren", als ich 1960 die DDR als böser Flüchtling verließ. Das Pachtgeld, das man jährlich an Onkel Hermann in Papitz überwiesen hatte, blieb aus, ich war enteignet. Nach der Wende 1989 war ich sehr im Zweifel, ob ich das Besitztum zur Rückgabe anmelden solle oder nicht. Ich wollte und will nicht jetzige Besitzer unglücklich machen. Dennoch meldete ich für alle Fälle meine Ansprüche an, nachdem ich eine ältere, von mir sehr geschätzte Dame um Rat gefragt hatte.

„Ich denke, Ihr Großvater hat sich sehr bemüht, das Grundstück zu erwerben, es ist ihm sicher nicht in den Schoß gefallen", meinte sie. Damit hatte sie wohl recht.

Die Flughafenstraße ist auf der rechten Seite stadtauswärts vollkommen von Neubauten begrenzt, da, wo früher Felder und Wiesen lagen. Die linke Straßenseite hat sich stadtnah recht verändert, ein Umspannwerk ist entstanden, aber dann tauchen Gärten auf. Genau wie früher, liegen die Schmalseiten direkt an der Straße; dicht nebeneinander sind es noch fünf oder sechs Gärten. Aber welches ist nun mein Land? Die Spannung ist groß, und ich versuche mich zu erinnern. Wir gehen vier Gärten entlang, kehren wieder um, schätzen die Größe, die Lage, die Bäume ab., aber die sind längst nicht mehr die alten. Seit dem Tode Großvaters sind 57 Jahre vergangen, vergiss das nicht, Inge! Du findest die alte Holzlaube nicht mehr, nicht mehr Großvaters Bienenstöcke, wo du beim Honigschleudern zusahst. Und vor allem stehen die bunten Glaskugeln, die Großvater von den Ostseefischern mitbrachte, nicht mehr auf ihren Stäben. Näherte man sich den Kugeln, so sah man sein verzerrtes Spiegelbild, das immer breiter und drolliger wurde, je näher man kam und immer schmaler und länger, wenn man sich entfernte.

Mein Gefühl, dass es der dritte Garten ist, ist nur vage. Aber wie die Katze um den heißen Brei gehen wir zunächst in den ersten Garten, wo eine Frau arbeitet. Vorsichtig deuten wir an, dass wir den Garten unseres Großvaters suchen, an den wir schöne Erinnerungen haben, fragen nach den Besitzverhältnissen, kommen uns schon ein bisschen komisch vor. Rudi steht mir zur Seite, Helmut und Helga bleiben vorm Zaun. Die Frau reagiert freundlich. Sie erzählt, dass sie den Garten auch von ihren Großeltern geerbt hat. Den zweiten Garten, in dem zur Zeit niemand anwesend ist, hätten die Besitzer von ihrer Tante geerbt. Nun betreten wir beklommen den dritten Garten, in dem ein älteres Ehepaar tätig ist. Dieser müsste es sein. Wir sagen unser Sprüchlein. Erstaunlich, wie sich die Leute ohne weiteres ausfragen lassen. Sie hatten den Garten kurze Zeit gepachtet und 1967 von der Stadt gekauft. Für mich ist damit eigentlich alles klar. In meinem Kopf jagen die Überlegungen hin und her. Ich hatte gehofft, sie wären nur Pächter, dann hätte sich für die Leute nichts verändert, die Pachtbeiträge hätten wieder an mich gehen können. Sie hatten aber mein Grundstück gekauft, sind Besitzer, und ich will ihnen nichts wegnehmen. Der Mann erzählt viel (er ist 76 Jahre alt) über die Mühen, die sie hatten, als Rohre verlegt wurden, klagt über Wassermangel. Rudi leistet mir gute Dienste, indem er zuhört, während ich intensiv nachdenke: Soll ich nun einfach wieder gehen? Soll ich mich als Vorbesitzerin zu erkennen geben? Große Worte machen, dass ich verzichten will? Da fragt mich die Frau plötzlich: „Sie sind Frau Inge Hölzer?"

Das überrascht uns, aber nun können wir offen über alles sprechen. Sie wissen also, dass ihnen die Stadt ein Grundstück verkauft hat, welches einer Frau Hölzer gehört, die nach dem Westen gegangen ist. Sie haben zwei Mark Ost pro Quadratmeter bezahlt, also knapp 1.000 Mark. Sie glauben, dass sie den Garten nicht behalten werden, weil das Elektrizitätswerk sich ausweiten will. Auch der Wohnungsbau soll auf diese Straßenseite übergreifen.

„Dann wird die Stadt es billig von uns zurückkaufen und wieder teuer verkaufen", so die Aussage der Leute. So wird die Angelegenheit erst akut werden, wenn gebaut werden soll. Wir verabschieden uns freundschaftlich von den alten Leuten. Hoffentlich können sie noch ein paar Jährchen in unserem gemeinsamen Garten arbeiten und sich freuen.

In der Hitze des Nachmittages sind wir ein bisschen pflastermüde, aber wir möchten doch so gern noch das Haus finden, wo unsere Mütter und alle Vater'schen Geschwister geboren sind: Änne, Hermann, Helene, Hertha. Wir fragen nach einer romanischen Kirche, aber die gibt es nach Auskunft der Leute nur in umliegenden Dörfern. Auch sei in Schkeuditz keine Kirche abgerissen worden. So gehen wir denn durch winklige Altstadtstraßen auf den neugotischen Kirchturm zu und merken allmählich, dass wir vor dem Gesuchten stehen: hier die zwei schräg zueinander stehenden Häuser, dazwischen erweist sich der Kirchturm als ein rechteckiger romanischer Unterbau, aus Natursteinen errichtet, und darauf hat man die mit roten Ziegeln verzierte, neugotische Spitze gesetzt.

Auf der alten Postkarte, die ich von der Kirchgasse besitze, trägt der Turm noch das romanische Dach; ich schätze, dass man um die Jahrhundertwende herum die gotische Spitze gesetzt hat. Auch dieser sieht man die fast hundertjährige Lebenszeit an, sie ist bröcklig, wohl kaum repariert worden. Vor der Eingangstür des Hauses stehen noch die Stümpfe zweier großer Bäume, das deckt sich mit dem Bild im Ratskeller und mit meinen Erinnerungen an mein altes Fotoalbum. Schließlich fällt uns noch auf, dass das Haus unter Denkmalsschutz steht.

Großvaters Tagebuch ist zu entnehmen, dass dies das alte Schulgebäude war, in dem die Wohnräume aus zwei Stübchen, zwei Kämmerchen und einer kleinen Küche bestanden.

Nach der Geburt des vierten Kindes wurde die kleine Wohnung eng ... wir zogen ins Haus der Großeltern mütterlicherseits in der Leipziger Straße, wo Großvater Krelling früher seine Bäckerei hatte.

Während wir noch in der Kirchgasse stehen, öffnet ein älterer Mann die Kirchentüren. Wir dürfen hineingehen und schauen nun hinauf zum Orgelplatz, an dem sonntags unser Großvater den Dienst versah. Dass wir auch dieser Spur folgen können, freut mich besonders. Das Kircheninnere wirkt ärmlich, modrig, unbelebt. Hier müsste mal ein frischer Wind durchfegen, aber vielleicht hilft schon die warme Maisonne, die jetzt durch die geöffneten Türen ins alte Gemäuer dringen kann.

Aus Großvaters Tagebuch:

… am 1. Juli 1884 ließ ich mich überreden, den Organistendienst zu übernehmen. Man legte mir zu den bisher gezahlten 100 Mark, welche der zweimalige Gottesdienst am Sonntage im Jahr einbrachte, noch 50 Mark zu, ich biss an und saß dafür 30 ¾ Jahre lang in der Falle.

Auf dem Rückweg durch die Hauptstraße des Ortes kommt uns so recht zum Bewusstsein, dass der moderne Verkehr mit den Riesenlastwagen gleich einem bösen Untier das stille Städtchen überfallen hat. Dem sind die schmalen Straßen nicht gewachsen. Es ist laut und staubig. Das Groteske an der Situation wird durch den Verfall der Häuser unterstrichen. Jetzt, beim Entlanglaufen auf den schmalen Fußsteigen erkennen wir, wie viele Häuser baufällig, unbewohnt sind. Hier stirbt eine alte Zeit, deren für uns so aussagereichen Reste wir gerade noch suchen und finden konnten. Die Neuzeit erstürmt die alte. Ob sie besser sein wird?
  Ein stattliches Haus fällt uns auf. Seitliche Treppen führen zum Eingang, dessen schön verzierter Torbogen die Jahreszahl 1660 trägt. „Blauer Engel" heißt die Gaststätte. Erst zu Hause bei der Lektüre der alten Tagebücher lese ich, dass hier die Hochzeit meiner Tante gefeiert wurde. Ach, hätte ich das Haus doch fotografiert! – Wir kehren nun zum Auto zurück, wo Rudi aus Großvaters und Muttis Tagebüchern zu unseren Erlebnissen passende Stellen heraussucht. Auch ersehen wir auf Helmuts Landkarte, dass wir an der *Elster* waren, während die Luppe etwas südlicher, parallel zur Elster, fließt und in diese mündet.

Mich zieht es noch einmal zum nahegelegenen Klingelborn, zu dem ich alleine gehe, um mir die heißen und staubigen Hände und Füße zu erfrischen. O köstliches Nass! Jetzt fällt mir besonders das Pflaster auf, das zum Brunnen führt. Es besteht aus großen, abgerundeten Steinen, vollkommen uneben, aus ungleichem Material, so dass ich sicher bin, dass ich meine Füße auf Steine setze, über die schon die Kinderfüße von Mutti und ihren Geschwistern im fröhlichen Spiel huschten. Unmittelbarer kann die Vergangenheit die Gegenwart nicht berühren. Klingelborn ist Erinnerungsborn.

Nach einem kurzen Besuch des Hauses unseres Onkels in Papitz durchfahren wir ein wenig traurig, aber auch froh über die Gegenwart noch einmal den Ort.

Leb wohl Schkeuditz! Sollten wir dich noch einmal wiedersehen, so wird es *so* nicht sein. Die Neuzeit wird dich einfach überrollt haben.

15. Mai 1997

Ich war wieder in Schkeuditz!

Von Antonsthal, Schwarzenberg, Leipzig kommend, gedachte ich der Fahrt im September 1945, als ich in einer völlig anderen Lebenssituation diese Bahnstrecke befuhr. Damals kam ich von Brunne und „rettete" mich nach Papitz.

Diesmal entstieg ich dem modernen, polsterausgestatteten Doppelstockzug und wurde von Frau Dietrich, einer Mitarbeiterin der Stadtbibliothek, freundlichst empfangen. Eine Stunde später hielt ich meine Lesung aus meinem Buch „Im Sommer 1944 ..." in der Stadtbibliothek, einem stattlichen Haus in der Bahnhofsstraße, erbaut in den Gründerjahren. Jetzt war es aufs modernste innen umgebaut, großzügig mit allem Komfort. Eine alte Dame (sie war meine Zuhörerin) hatte ihr Haus der Stadt geschenkt.

Der Zuhörerkreis war klein, und im Anschluss an meine Lesung machte sich eine Zuhörerin heftig Luft, indem sie in leicht aggressiver Form klagte, dass sie nun alles wegwerfen müsste, was 40 Jahre lang gegolten habe und ihnen sinnvoll erschienen wäre, wahrscheinlich anspielend auf meine Zeilen vom 9. Mai 1945, wo ich mich von meinen damaligen Idealen hatte trennen müssen. Eigentlich war ich auf eine solche Reaktion nicht vorbereitet, aber es entwickelte sich ein gutes Ost-West-Gespräch, was ich auf alle Fälle nützlich empfand.

Frau Dietrich fuhr mich dann, nach einem gemeinsamen Abendessen in einem gediegen ausgestatteten, teuren Fischrestaurant, zu all den Stätten, von denen sie wusste, dass diese mir lieb und teuer sind, denn sie kannte meinen Bericht von 1993.

Zuerst natürlich zum Klingelborn! In der warmen Atmosphäre eines Maiabends entfaltete dieser wieder seinen Zauber. Inzwischen bedachtsam erneuert, das heißt, man hatte die Oberfläche mit dem versteinerten Holz etwas befestigt und neben den Born eine Sitzbank eingefügt. Vor allem war der abschüssige Weg von der Straße zum Brunnen mit soliden, naturbelassenen Steinstufen ausgerüstet worden. Sonst war alles beim Alten: das leise rinnende Wasser, die große Platane, der verlockende Blick in die Elsteraue. Die lärmenden Bauarbeiten von damals waren beendet.

Wir liefen von da zum Friedhof, der jetzt zum öffentlichen Park umfunktioniert ist. Gut ließ es sich unter den alten Bäumen wandeln. Man hat so wenig wie möglich verändert, aber dass gleich neben den Wegen, wo sich die „heutige Jugend" vergnügt, noch Grabsteine liegen, erscheint mir doch ein bisschen fragwürdig. Die alte, verkommene Friedhofskapelle ist abgerissen, ihrem Grundriss entsprechend hat man ein stilvolles Gebäude für Ausstellungen und anderes erbaut. Davor ist ein schöner, gepflasterter Platz unter dem grünen Dach der Bäume entstanden, für Konzerte im Freien geschaffen und sicher auch gut geeignet. Die alte Friedhofsmauer ist geblieben, aus manchen Winkeln schaut das alte Schkeuditz noch unverändert hervor. Verschwunden sind einige sehr baufällige Häuser an der Hauptstraße dem Klingelborn schräg gegenüber. Vielleicht auch das Haus, wo die Großeltern wohnten?

Das riesige Rathaus, das 1993 eingerüstet war, ist jetzt eine prächtige Erscheinung mit seinem leuchtend roten Dach, dem gelb verputzten Mauerwerk, den reich verzierten Renaissance-Giebeln!

Frau Dietrich fuhr mich dann zur Papitzer Straße, die bekanntlich von der Leipziger Straße abbiegt. Zu meinem Erstaunen ist sie an der rechten Seite mit einem Komplex neuer, wohlgelungener Häuser bebaut, während an der linken Ecke eine Pension, ebenfalls bestens ausgestattet, entstanden ist. Hier schlief ich und wurde von Frau Dietrich am Morgen wieder abgeholt. Sie ließ es sich nicht nehmen, noch einen Autoschwenk in die Kirchgasse zu machen. Ich bin mir *nicht mehr ganz sicher, ob der Kirchturm eingerüstet war (ich sah auf meiner Reise etliche eingerüstete Kirchtürme).*

Die alte Schule steht noch in unverändertem Zustand, nur der sich wohl selbsttätige Holunderstrauch ist sehr gewachsen. Er verdeckt die zwei Stümpfe der alten Bäume (es seien Birnbäume gewesen, meint Frau Dietrich) und das Schild des Denkmalschutzes vollkommen.

Und nun die Ecke Merseburger/Hallesche Straße! Das Haus Nr. 1, es steht noch! Wahrscheinlich will man es nicht abreißen, denn an den fünf Frontfenstern von Großvaters Wohnung hingen frische Gardinen. Das war 1993 nicht der Fall.

Leider hatten wir keine Zeit, nochmals in den Hof zu schauen, sondern fuhren stattdessen noch schnell die Flughafenstraße entlang, sahen „meinen" Garten im Maiengrün blühen, schwenkten ab zum stillen, fast leeren Bahnhof, der scheinbar unverändert seit Jahrzehnten sein Dasein fristet. Der Doppelstockzug lud mich wieder ein in die Gegenwart: Halle, Bielefeld, Detmold, Hiddesen zum Pfingstfest 1997.

Berberfest in Libyen (2000)

Seit 1992 war ich jährlich einmal mit einer Reisegruppe unterwegs, die von einem evangelischen Pastor aus Detmold geleitet wurde. Wir waren ungefähr 20 Personen, alle abenteuerlustig, wissbegierig und auch risikobereit, wenn es sein musste. Wir hatten die Länder des Nahen Ostens besucht und im Frühjahr war Libyen das Ziel des Unternehmens.

Nach der Lockerbie-Affäre 1988 war Libyen durch ein Handelsembargo der USA und Sanktionen der UNO weitgehend isoliert. 1999 wurden nach Auslieferungen der Hauptverdächtigen des Attentates aus Libyen die Sanktionen der UNO ausgesetzt, und Gaddafi gab die Erlaubnis zur Einreise für Touristen, allerdings nicht per Flugzeug, sondern man musste über Tunesien ins Land kommen. Wir gehörten wohl mit zu den ersten Reisegruppen, die Libyen besuchten und waren in Gaddafis Haus für Diplomaten untergebracht, wo gut Platz für Touristen vorhanden war.

Unsere offiziellen Begleiter waren ein gut deutschsprechender Reiseleiter, zwei Busfahrer und ein Mann, den wir als Aufpasser für uns und auf uns erkannten, nachdem wir zufällig seine Pistole unter der Kleidung entdeckt hatten. Der Umgang mit diesen Männern war recht angenehm, voll gegenseitigen Vertrauens, oft sogar recht lustig. Sie waren es auch, die uns vorschlugen, unsere Fahrtroute zu ändern, um ein Berberfest mitzuerleben, das nur einmal im Jahr stattfindet.

In einem Dorf in der Nähe von Nalut (zirka 150 Kilometer Luftlinie von der Küste entfernt) wurden wir freundlich empfangen und in einer Schule beköstigt. Dort saßen wir auf Kissen bzw. Teppichen auf der Erde und je vier Personen bekamen einen großen Teller mit Reis, Gemüse und Fleisch, aus dem gemeinsam gelöffelt wurde. Wie es sich so ergab, bestand „meine Viererguppe" aus meiner Freundin und zwei Berbern. Wir zwei holten uns behutsam ein Stück Reis und Gemüse aus dem Mahle, eine kleine „Reismauer" zum Mittesser stehen lassend. Da wir zwei Frauen Vegetarier waren, waren die Männer sehr froh, unsere Fleischportion mit wegputzen zu können.

Man fuhr uns dann ins Gelände zu einem Berg, an dessen Flanke schon viele Einheimische saßen, quasi wie in einem Amphitheater. Man wies uns zu einer Reihe weißer Plastikstühle, wo die Frauen saßen. Diese stellten – wie immer – eine Frage an uns, die wir nicht verstanden. Aber wir wussten, dass sie unsere Herkunft wissen wollten. Als sie hörten, wir kämen aus Deutschland, strahlten sie erfreut. Deutschland hatte die Juden verfolgt, das war ihnen sympathisch, für uns ein ungutes Gefühl!

Die Berber stammen aus der Urbevölkerung des Landes und grenzen sich gegen die Araber ab. Sie leben im Hinterland und wollen mit der Bevölkerung der Küste, die von vielen Eroberern im Laufe der Jahrhunderte geprägt wurde, nichts zu tun haben. Berber sind im Lande geachtete Leute.

Nach längerer Wartezeit merkten wir, dass sich vom Berg herunter ein Festzug bewegte. Um diesen näher zu sehen und zu fotografieren, verließen wir unsere Plätze und mengten uns unter die anderen Zuschauer, meist junge Leute, die recht aufgeschlossen, freundlich und wissbegierig waren. Für sie waren wir die Exoten des Festes! Die ganze Atmosphäre war sehr fröhlich und ungezwungen, wie eben auf einem Volksfest. Der Zug bestand aus verschiedenen Gruppen: tiefschwarz gekleidete, junge Frauen, Kinder in bunten Festkleidchen, betreut von vollkommen mit weißen Wolldecken verhüllten, älteren Frauen, Musikgruppen mit einer Art Dudelsäcken, auch Tuareg-Männer und am Ende des Zuges tiefschwarzhäutige Männer ohne negroide Gesichtszüge, prächtig gekleidet in bunt bestickten, schwarzen Mänteln.

Unsere Fotoapparate „glühten", während wir in der Begeisterung unsere Taschen achtlos irgendwo stehen ließen. Kein Problem, hier wird nicht geklaut. Natürlich wurde auch ein großes Bild von Gaddafi mit herumgetragen. Als eine Kolonne von schwarzen Limousinen näher kam, hatte ich schon Sorge, es könne Gaddafi persönlich erscheinen. Den wollte ich nicht sehen, aber ein Junge verneinte meine Frage, es waren andere Honorationen.

Es war auch eine die Historie darstellende Gruppe dabei. 1912 hatte Italien sich Libyen als Kolonie angeeignet (bis zum Ende des Zweiten Weltkrieges). Jetzt führte man „Italiener" als Gefangene mit sich, ihre

Hände mit Stricken gebunden, Bewacher mit Holzgewehren begleiteten die Gefangenen.

In unserer guten Stimmung packte mich die Lust am Spaß. Ich ging auf die „Italiener" im Zug zu und tat so, als wolle ich die Stricke lösen. Darauf zielte ein „Bewacher" mit dem Holzgewehr auf mich. Ich hielt beide Arme hoch, das Gewehr sank. Alle Umstehenden lachten herzlich über diesen kleinen, international verstandenen Machtkampf ohne Worte.

Es wird mir unvergesslich sein, dieses Berberfest in Lybien!

Sperrmüll (April 2005)

Heute habe ich wieder Haus und Hof mit Sperrmüll bereichert! Seit Tagen ging ich an einem Möbelstück an der Straße vorüber, preisgegeben Wind und Wetter! Eine Art Anrichte aus gutem Holz mit vier gedrechselten Beinen. Nach und nach verlor das Möbelstück einzelne Teile, die Türen waren verschwunden, aber der Rest stach mir ins Auge: Welch schönes Gestell mit zwei Flächen für Blumentöpfe oder auch als Arbeitsfläche zu benutzen. Die Besitzerin freute sich, dass endlich der Torso eines Möbels vom Vorgarten verschwand, ich freute mich, ihn zu besitzen!

Damit wandern meine Gedanken zurück nach Köln ins Jahr 1960. Damals waren mein Mann und ich total arme Leute, gerade aus der DDR geflüchtet, fast auf den Tag genau ein Jahr vor dem Bau der Mauer. Ich arbeitete eine Zeit lang in der Eisenbahnversicherungskasse, und diese zog in einen Neubau um, wobei auch alle Inventarstücke erneuert wurden. Was hätte ich alles gebrauchen können von den verschleuderten Möbelstücken, aber wir hatten keinen Platz bei vierzehn Quadratmetern Wohnraum für zwei Personen. In meiner damaligen Flüchtlingsmentalität war ich entsetzt über die Großzügigkeit, mit der man sich von durchaus brauchbaren Büromöbeln trennte. Aber ich erwarb für zwei Deutsche Mark einen Aktenbock mit drei horizontalen Flächen, zirka 70 Zentimeter breit. Den transportierte ich mit der Straßenbahn vom Stadtinneren bis an den Südrand von Köln. Wie habe ich das eigentlich geschafft? Heute, 45 Jahre danach, steht das Ding immer noch in der Gartenhütte mit den Werkzeugen. Daneben befindet sich auch noch eine kleine Zinkwanne, welche die Nachbarin in Köln zum Sperrmüll gegeben hatte. Zugegeben, jetzt ist sie nicht mehr wasserdicht, aber durchaus brauchbar bei der Arbeit im Garten, dabei robust und handlich. Ich mag sie immer noch.

Nicht mehr im Besitz befindet sich ein Spind, wie ich ihn vom Arbeitsdienst her kenne. Wir hatten in Köln einen kleinen Garten pachten können, aber darinnen gab es keine Hütte, nichts zum Aufbewahren von Geräte usw. Ich weiß nicht, wo mein Mann damals dieses graue, rostige Blechding ergattert hatte, sicher aber auf einem Müllplatz. Dieses Ding machte uns viel Spaß. Damals war unser Söhnchen ein bis vier Jahre alt. Wenn es regnete, zwängten wir uns in den schmalen, zweigeteilten Spind hinein, für Sohnemann kein Problem, sondern ein Grund zu großer Heiterkeit. Ich, dicht daneben, getrennt durch die Blechwand, musste mich schon ein bisschen dünn machen, aber es ging. Von oben blieb man wenigstens trocken.

Als wir 1971 in Detmold unser Häuschen erwarben, war in der Nachbarschaft gerade eine Frau gestorben. Ihr Küchenschrank befand sich am Straßenrand bei den Sperrmüllsachen. Auch er steht nun seit 34 Jahren in unserer Gartenhütte und erfüllt mit seinen Fächern und Schubkästen noch immer seinen Daseinszweck. Manche Teile waren sorgfältig mit d-c-fix ausgelegt. Wenn ich den Schrank säubere, muss ich an diese Frau denken, die einmal in dieser Küche wirtschaftete, deren Namen ich nicht weiß, die ich nie kannte. Manchmal überkommt mich nach so vielen Jahren noch immer ein eigenartiges Gefühl.

Besser kenne ich die Herkunft meiner Zinkbadewanne: Sie stand beim Sperrmüll direkt vor dem Haus gegenüber. Eine kurze Frage bei den Besitzern, und schon trug ich sie in unseren Garten. Sie ist erstaunlich leicht zu tragen. Wenn es heiße Sommertage gibt, stelle ich sie an den sonnigsten Platz im Garten, fülle sie mit Wasser und staune immer wieder darüber, wie schnell sich das Wasser erwärmt. Eine Wonne, wenn man zwischen oder nach der Gartenarbeit da hineinsteigen kann!

Nicht vom Sperrmüll, sondern käuflich erworben existiert da eine kleine Duschanlage im Garten mit Kaltwasserstrahl. Wenn ich nach diesem kalten Schock wieder in die Wanne hüpfe, ist das so, als nähme ich ein warmes Badewannenbad. Das lässt sich beliebig wiederholen.

Der alte Kneipp hätte Lust an diesem Treiben. Sind Kinder zu Besuch, ist die Wanne natürlich ein besonderer Anreiz zum Spielen und Planschen. Schließlich wird das Badewasser zum Gießwasser umfunktioniert.

Angeregt durch diese Gedankengänge finde ich in meinem Haushalt so manches Althergebrachtes. Nicht aus dem Sperrmüll stammt mein Küchenschrank, den wir 1961 aus amerikanischen Beständen erwarben (immerhin eine Rettung vom Verderb). Er muss mal der untere Teil eines Wohnzimmermöbels gewesen sein. Innen sieht man noch die Holzwände, aber die Außenwände sind von uns blank gestrichen. Die Tischplatte wurde im Laufe der Zeit mit modernem, weißen Kunststoffbelag verfeinert. Aber das Außergewöhnlich-Unersetzliche ist die Tiefe der Schrankfächer mit großem Fassungsvermögen. Hinzu kommt, dass das große Ding derart genau in die eine Küchenwand sich einfügt, als wäre es dafür bestellt und geschaffen worden. Mögen andere Frauen nach einer neuen Küche lechzen, ich nicht!

„Glanzstück" unseres Haushaltes ist ein kleiner Nierentisch. Den hatten wir von unseren Vormietern der 14-Quadratmeter-Wohnung in Köln geerbt. Er hat mindestens ein halbes Jahrhundert auf dem Buckel, ein typischer Vertreter seiner Zeit!

Aber er hat natürlich keinen Buckel, sondern seine Fläche wird immer mal mit d-c-fix frisch beklebt, auch bekam er von mir eine speziell für ihn genähte Tuchdecke mit Ringsum-Behang. Und er sitzt voller Erinnerungen: Damals 1960 in unserer ersten Wohnung nach der Flucht war er unser einziger Tisch. Darauf schrieb mein Mann seine Noten, wenig später wurde das Neugeborene darauf gewickelt, und an ihm nahmen wir unsere Mahlzeiten ein. Immer dann lag unser Barry, ein wunderschöner Collie-Rüde, unter diesem kleinen, superleichten Tisch. Aber wenn es dann klingelte, sprang er erschrocken auf und brachte den Tisch auf seinem Rücken in eine gefährlich schiefe Ebene.

Zum Glück klingelte bei uns fast niemand, wer kannte uns schon in unserem 5. Stock einer Dachwohnung im uns fremden Köln?

Heute ist das anders. Vieles ist anders in jetziger Zeit. Bisweilen frage ich mich: Passe ich noch in die jetzige Wegwerfgesellschaft?

Oder: Muss ich da eigentlich hineinpassen?

Januartage (2010)

Winter – Nebel – Einsamkeit,
herbe Stille weit und breit.

Eis auf dem Weiher, Schnee auf dem Feld,
Wind weht Kühle durch die Welt.
Wanderschritt knirscht laut im Schnee,
am Waldesrand ein hungrig Reh.
Weg verliert sich im weißen Grau,
ob Erd, ob Himmel, nichts siehst du genau.
Traurig das Herz? Oh, gewiss nicht, nein!
Horcht nur gespannt in die Stille hinein.
Fern das Getriebe, fern alle Hast,
abgeschüttelt des Alltags Last.
Einsam sein im Schoß der Natur,
Leben atmen auf kahler Flur!
Raureif ziert Äste auf bergiger Höh',
Hasenspuren im harten Schnee.
Auf Baumwipfel im bunten Kleid
der Häher sein scharfes Krächzen schreit.
Frühlingssehnsucht am Nebeltag?
Ungeduld, was kommen mag?
Festes Vertrauen auf's Wirken der Zeit!
Sonne und Blüten, ist alles bereit!

***

Die Sonne zieht durch Blau entlang,
wo gestern Nebel mich verschlang.
Gleißendes Schneeflächenlicht
schmerzend in die Augen sticht.
Tauch ich in den Schatten ein,
kalte Luft, doch frisch und rein.
Winter ist noch an der Macht,
schwarz und weiß nur all die Pracht.
Trifft auf Eis ein Sonnenstrahl,
schafft er silbernes Kristall.
Einsamkeit wie gestern – heut,
doch im Herzen schwillt die Freud:
Sonne, Wärme, Grün und Leben,
all das wird es wieder geben!